스톱 씽킹

STOP THINKING, START LIVING

스톱 씽킹

행복을 끌어들이는 심리 법칙

리처드 칼슨 지음 | 박산호 옮김

윌북

차례

PART 2

▶

삶을 시작하기

||

일러두기

1. 책에 등장하는 상담 내용은 모두 동의를 얻어 수록한 것이다.
2. 이 책은 *Stop Thinking, Start Living*을 번역한 것이며, 이는 리처드 칼슨의
   대표작 *You Can Feel Good Again*을 수정, 보완한 책이다.

서문

지금까지 여러분이 불행, 비관주의, 우울증에 대해 들었던 모든 이야기를 다 잊어보시길 정중하게 권합니다. 즉 이런 감정들이 어디서 비롯되는지, 얼마나 심각한지, 극복하기가 얼마나 힘든 지에 대한 이야기들 말이죠. 당신이 실패한 모든 시도들, 좋은 결과가 나올 거라고 장담했지만 그렇지 못했던 접근법도 잊어보세요. 저는 당신이 오늘부터 어떻게 기분이 더 나아지기 시작할 수 있는지 설명하겠지만, 맹목적으로 제 말을 믿으라고 요구하는 건 아닙니다. 대신 이제부터 읽게 될 이야기를 판단할 때 평소 당신이 지닌 상식을 쓰길 바랍니다. 이 책을 다 읽어갈 때쯤이면 당신의 기분이 나아질 뿐만 아니라 당신이 전에 시도한 방법들이 왜 대부분 실패했는지도 이해하게 되리라 믿습니다.

최고의 성과를 얻어내는 방법은 열린 마음으로 다가가는 겁니다. 이 책에 나온 이야기가 당신이 보기에 말이 되는지, 그리고 당신이 이미 직감적으로 알고 있는 것과 같은 맥락의 이야기인지 살펴보세요. 제가 제안하는 이론 중 일부는 당신이 지금까지 접한 것들과 꽤 다를 겁니다. 그렇다고 해서 당신이 당연히 받아야 할 도움을 거부하지 말았으면 합니다. 당신이 이미 알고 있던 것이 그동안 찾아오던 답이었다면, 오늘 이 책을 읽고 있진 않을 것입니다. 이 책은 당신이 삶을 온전히 살아갈 수 있도록 도와줄 것입니다.

이 책에 나오는 이야기들이 당신이 기존에 알던 정보와 다른 이유는 정신 건강 분야에서 새로운 이해를 대변하고 있기 때문입니다. 이것은 당신이 이미 익숙해진 다른 접근법들을 토대로 만들어지지 않았습니다. 이 책에 나온 정보를 소화하고 '마음에 새길' 수 있다면, 곧바로 기분이 나아질 것입니다. 이를 위해 당신이 해야 할 노력은 거의 없습니다. 그저 여기서 읽은 내용을 직감적으로 이해하고, 그렇게 이해한 내용을 실천하기 위해 천천히 조심스럽게 시도하면 됩니다.

앞으로 알게 되겠지만, 제가 이 책에서 어떤 화려한 기법이나 복잡한 심리 이론들을 제시하진 않을 겁니다. 단순하면서도 상식을 기초로 한 정신 건강과 행복에 대한 심오한 이해를 보여줄 것입니다. 정말 효과가 있으며 바로 실행할 수 있습니다. 저는 오랜 시간, 많게는 거의 30년 동안 불행하거나 우울한 사람들이 난생처음 기분이 나아져서 제 상담실을 나가는 것을 목격했습니다. 또한 이 책을 통해 그 좋은 기분이 금방 사라지지 않고 당신 속에 머무르게 하는 법을 배우게 될 겁니다.

저는 심리 상담, 특히 스트레스 관리 상담가로 사람들에게 우리의 정신 작용에 대한 아주 단순한 사실을 가르칩니다. 예를 들어 그들이 어떤 것에 동기부여가 되고, 어떤 것에 무너지게 되는지 가르치죠. 제가 가르치는 원칙들은 일반적인 것입니다. 모든 이에게 적용될 수 있는 원칙이란 뜻입니다. 제가 가르친 원칙들을 실행한 결과 자신의 내담자들이 우울증의 고통에서 벗어날 수 있었다고 수많은 상담치료사들이 전해왔습니다. 사람들이 자신을 불행하게 만드는 습관과 스스로 자신의 마음을 파괴하는 방식을 알게 되면, 오랜 불행과 비관주의의 손아귀에서 도망칠 수 있는 자연스러우며 상대적으로 쉬운 방법을 아주 빨리 발견할 수 있을 것입니다.

저는 마음의 문제를 겪는 사람들을 치료하는 데 쓰이는 '전통적인' 많은 방법이 실제로는 상황을 악화시킬 수 있다고 생각합니다. 심리치료사들이 유능하지 않다는 말이 아닙니다. 대다수의 치료 방법들은 그렇지 않아도 우울한 내담자들의 상태를 더 악화시키는 경향이 있다는 겁니다. 치료사들은 치료를 받으러 온 내담자들이 자신의 가장 부정적인 감정과 '직면하고' 현 상황을 극복하기 위해 자신의 과거를 분석하도록 이끕니다. 내담자들은 비교적 최근의 과거뿐 아니라 자신의 어린 시절을 자세하게 살펴보라는 요구를 받습니다. 그들이 입은 심리적 내상을 더 잘 이해할 수 있도록 돕는 것이 목적이죠.

제가 전통적인 치료 방법을 '포기한' 내담자들을 상담하면서 마주하게 되는 문제 중 하나는 새로운 트라우마를 발견할 때마다 그 내담자는 사실상 그걸 다시 새롭게 겪게 된다는 겁니다. 매번 하는 새로운 상담은 새로 추가된 '문제'의 진상을 알아내고 다시 또 문제에 대해 이야기하면서 그에 수반되는 부정적인 느낌들을 분석하도록 설계되어 있습니다. 각각의 문제를 구체적으로 분석하면 할수록 부정적인 느낌이 따라옵니다. 내담자가 자신의 부정적인 경험과 무의식적인 심리적 동인들과 대면하지 않는 한 평생 불행하리라 주장하는 심리치료사들이 많습니다.

하지만 나의 부정적인 과거나 기억을 좀 더 많이 접함으로써 정말 전보다 마음의 문제가 나아질까요? 저는 그렇다고 생각하지 않습니다. 저는 궁극적으로 그 사람이 우울을 극복할 수 있는 힘이 자신에게 있다는 사실을 인식하게 만들어줘야 한다고 생각합니다. 부정적인 감정을 마주해서는 점점 더 우울 속으로 빠지게 되지요. 생각을 계속해서는 우울을 극복할 수 있는 내면의 힘이 생겨나기가 어렵습니다.

기분이 나아지고 싶은 모두를 위한 책

카를 구스타프 융Carl Gustav Jung은 이런 말을 했습니다. "인류에게 영향을 미치는 가장 큰 고통은 심각한 정신 질환이 아니라 우리 사회에 만연한 불안과 불행이다." 융처럼 저도 이미 죽은 것처럼 살아가는 사람들이 많다고 생각합니다. 지금 내 삶의 행복감을 더는 느끼지 못한 채 살아가는 사람들이 아주 많다는 뜻이죠. 인생을 충만하게 살아가는 첫 단계는 좀 더 나은 기분을 느끼는 겁니다.

저는 지금보다 좀 더 기분이 나아지고 싶은 사람이라면 누구나 읽을 수 있도록 이 책을 썼습니다. 자주 '우울함'을 느끼는 사람, 미래가 불안하거나 과거를 곱씹는 사람, 슬픔에서 벗어나기 힘든 사람, 인생을 보는 시각이 비관적인 사람, 자주 불행을 느끼는 사람, 정신적으로 고통받는 사람, 혹은 그저 지금보다 기분이 나아지고 싶은 사람들을 위해 썼습니다.

이 책에 나온 행복해지는 방법은 사실상 삶에 대한 관점과 삶의 질을 개선하고 싶은 모든 사람에게 도움이 됩니다. 하지만 당신이 심각한 우울증이나 자살 충동, 다른 심각한 정신 질환을 앓고 있다면 이 책이 전문적인 치료를 대체할 순 없습니다. 심각한 우울증을 앓고 있다면, 이 책을 읽고 여기 나온 원리들을 실천하려고 시도하기 전에 전문가의 도움부터 받아야 합니다.

이 책은 인간의 정신 상태에 대한 융의 평가인 '우리를 둘러싼 불행의 일반적인 수준'을 다루기 위해 썼습니다. 저는 삶을 지배하는 부정적인 감정들을 없애고 그 자리에 인생에 대한 감사의 마음과 행복과 사랑을 채울 수 있는 방법들을 제시할 겁니다.

저는 또한 당신의 내면에 이미 존재하는 '좋은 감정을 느끼는' 곳에 들어갈 수 있는 방법과, 당신이 그곳에 들어가지 못하는 이유를 알아내는 방법도 알려줄 겁니다. 이 간단한 방법을 알게 된 후 기분이 나아지지 않은 사람은 지금까지 단 한 명도 만나지 못했습니다. 일단 어떤 생각이 삶을 불행하게 만드는지 파악하고, 이런 부정적인 패턴을 멈추는 법을 알게 된다면, 당신은 분명 이런 파괴적인 일을 그만두고 그런 성향으로 돌아가는 것을 주저하게 될 겁니다.

여기 나온 견해들을 열린 마음과 호기심을 가지고 접하기 바랍니다. 여기서 배운 걸 실천해보고 어떤 느낌이 드는지 솔직하게 평가하기 전까진 여기 나온 내용을 너무 단순하다고 깎아내리지 말기 바랍니다. 이 책을 읽으면서 당신의 목표가 지금보다 더 행복해지는 것임을 잊지 않는다면, 지금보다 얼마나 기분이 더 좋아질 수 있는지 깨닫고 놀랄 것입니다. 이건 진실입니다. 당신도 다시 기분이 좋아질 수 있습니다.

STOP
THINKING

PART 1

생각 멈추기

01

우리는
생각한 대로 산다

짐과 이본은 32년 동안 불행한 결혼 생활을 했다. 그러다 짐이 치명적인 암에 걸린 사실을 알게 됐다. 그 사실을 발견하기 전에는 그 부부는 시종일관 짜증을 내며 살아왔다. 둘은 자주 충돌하며 화를 냈고, 사실상 둘의 삶을 둘러싼 모든 문제에서 의견 차이를 보이며 다퉜다. 서로에 대한 사랑은 짐의 말에 따르면 '아주 오래전에 사라졌다'.

그런데 암에 대해 알게 된 순간 그 부부에게 신기한 일이 일어났다. 짐과 이본 둘 다 갑작스러운 의식의 변화를 경험했다. 그 오랜 세월 둘의 사랑을 질식시켰던 분노는 사라졌고, 그들의 불화는 점점 희미해지다가 이제는 중요하지 않게 보였다. 서로에 대한 사랑은 마치 마법처럼, 애초에 그 자리를 떠난 적이 없었던 것처럼 다시 나타났다.

무슨 일이 일어난 걸까? 이 부부는 흔히 '회심'이라고 하는 경험을 한 것이다. 이런 종류의 갑작스러운 변화가 정확히 어떻게 혹은 언제 일어날지 아무도 모르지만, 그런 변화가 실제로 존재하며, 그런 일이 일어날 수 있다는 사실은 우리도 알고 있다. 의식의 갑작스러운 변화는 감정과 관계된 삶의 모든 영역에서 일어난다. 인간관계에 관련된 것일 수도, 불안이나 우울, 공황처럼 사람을 꼼짝 못 하게 마비시키는 감정일 수도 있다.

여덟 살 먹은 한 아이의 예를 생각해보자. 그 아이는 매일 밤 옷장 속에 상상의 괴물이 산다는 생각에 겁에 질린 채 잠자리에 들었다. 그런데 어느 날 느닷없이 그 괴물은 현실에 없고 그저 자신의 마음속에만 있다는 사실을 깨닫게 된다. 이 상황에는 흥미로운 질문들이 존재한다. 이 아이는 왜 하필 이날 그걸 깨닫게 됐을까? 그 괴물이 실제로 존재하는 게 아니라 상상의 존재라는 걸 뭣때문에 깨닫게 됐을까? 이 의문들에 대한 대답은 놀랄 정도로 모호하다. 우리는 그것에 대해 확실히 아는 게 없다. 다만 아이의 의식 속에 존재하는 이해 수준이 한 차원 더 올라갔다는 점은 안다.

갑작스러운 변화의 또 다른 예로 담배를 끊겠다고 맹세한 사람이 있다. 그는 매주, 매년 담배를 끊겠다고 장담했다. 그와 친구인 당신은 그 이야기를 수도 없이 들었다. 그러다 어느 날 별 특별한 이유도 없이 그 친구가 또 금연하겠다고 말을 한다. 하지만 이번엔 그에게서 뭔가 다른 것을 보고, 진심이란 걸 알게 된다. 구체적으로 뭐가 달라졌는지 설명할 수 없지만, 친구가 다시는 담배를 피우지 않으리라는 걸 당신은 안다. 정말 그날 이후로 그는 다시는 담배를 피우지 않았다.

이런 갑작스러운 변화의 예들은 하나하나 독특하긴 하지만, 공통분모 세 가지가 있다. 첫째로 그 '변화' 자체는 우리가 이미 알고 있는 것을 토대로 한 게 아니라 갑자기 나타났다. 다시 말해 이 주제에 대해 우리가 알고 있는 정보의 양은 중요하지 않다는 뜻이다. 나의 내담자 조지의 사례가 있다. 조지는 평생 특정 인종에 대한 편견을 느끼며 살아왔다. 그러다 갑자기 그는 뭔가를 깨닫고 이렇게 말했다. "그동안 난 정말 어리석었어요." 내가 이 사례를 매우 흥미롭게 생각한 이유는 상담하면서 그가 편견에 대해서 이야기한 적이 단 한 번도 없기 때문이다. 나는 그에게 이런 문제가 있다는 사실조차 모르고 있었다. 조지는 아내와의 관계에서 가끔 자신의 사고방식이 걸림돌이 된다는 말을 하다가 돌연 그걸 깨달았다고 한다. 조지는 '그 문제'에 대한 추가 정보를 얻지 않고도, 의식 변화를 이뤄냈다. 그는 모든 편견이 무지에서 비롯된다는 사실을 알 정도로 지적인 사람이었지만, 그 통찰의 순간이 오기 전까진 계속 편견에 사로잡혀 있었다. 그가 다른 문제에 대해 생각하는 동안 내면의 뭔가가 변한 것이다.

나도 이처럼 설명하기 힘든 의식의 변화를 경험한 적이 있었다. 나는 평생 사람들 앞에서 말하는 것을 죽기보다 두려워하며 살아온 사람이다. 사람들 앞에서 연설을 한다는 생각만 해도 땀이 났고, 실제로 기절한 적도 두 번이나 있다! 그러다 어느 날 한 학회에 참석해 친구들과 점심을 먹다가 갑자기 아무것도 두려워할 게 없다고 느꼈다. 정확히 왜 혹은 어떻게 그런 통찰을 얻게 됐는지 설명할 수 없고, 그저 그런 일이 일어났다는 것만 말할 수 있다. 요즘도 나는 인원에 상관없이 사람들 앞에서 아주 편안하게 말할 수 있고, 자주 그렇게 하고 있다.

둘째, 갑작스러운 변화는 영감, 혹은 '경쾌한 느낌' 혹은 '좋은 느낌'과 같이 찾아온다. 이본과 짐은 자신들의 갑작스러운 변화를 '놀랄 만한 안도감'으로 표현했다. 마치 감정적으로 거대한 짐을 내려놓은 듯한 느낌이었다고 말했다. 많은 내담자들이 삶을 보는 관점을 통째로 바꾼, 통찰력을 경험한 순간에 이와 유사한 '고양감'을 강력하게 느꼈다고 말했다. 이런 느낌은 종종 자신감으로 묘사되기도 한다. 이건 나중에 건강한 정신적 작용의 맥락에서 논하도록 하겠다.

마지막으로 갑작스러운 변화는 사실상 영원히 유지된다. 일단 변화가 일어나면 다시 원래대로 돌아가는 일은 없는 듯 보인다. 적어도 완전히 처음으로 돌아가는 일은 없다. 예를 들어 내가 이제 사람들 앞에서 연설하는 일로 겁을 먹는 건 상상하기 힘들다. 하지만 그게 어떤 느낌인지 기억하고 있으므로 그런 어려움을 겪는 사람들의 마음은 충분히 공감하고 있다. 그리고 나의 내담자 조지는 이제는 피부색 때문에 상대가 싫다는 누군가의 말만 들어도 부끄러워한다. 이것이 바로 통찰의 본질이다. 그런 일이 한 번 일어나면 그 순간부터 삶을 보는 관점은 완전히 달라진다.

갑작스러운 변화에 대한 흥미롭고 중요한 점이 또 있다. 바로 **'기분이 더 나아지는'** 것과 삶의 외면적인 모습이 더 나아지는 **것 사이에는 아무 관계가 없다**는 점이다. 예를 들어 돈 문제로 전전긍긍하던 사람이 갑작스러운 변화를 경험했다면 방금 막대한 유산을 물려받았거나 로또에 당첨돼서 그런 게 아니다. 그 사람이 그런 변화를 경험한 이유는 전과 똑같은 사실들을 새로운 관점에서 바라봤기 때문이다. 관점이 변화하면서 돈은 더 이상 그의 삶에서 내면적 갈등을 일으키는 원인이 아니게 되었다.

분명 이본과 짐 역시 현실의 상황이 더 나아지진 않았다. 오

스톱 씽킹

히려 그 반대로 짐은 말기 암 판정을 받았다. 하지만 짐과 이본 둘 다 그 어느 때보다 서로에게 크나큰 애정을 느꼈다.

마찬가지로 자신의 옷장 속에 있는 괴물이 상상의 존재라는 사실을 깨달은 아이의 상황도 더 나아지진 않았다. 애초에 괴물은 거기에 없었으니까! 이것이 갑작스러운 변화의 본질이다. 이런 변화들은 한 사람에게 존재하던 이해의 변화를 통해 일어난 것이지, 상황의 변화를 통해 일어난 게 아니다.

기분이 더 나아지기 위해 당신의 삶에서 변해야 할 건 하나도 없다. 그저 전에는 보지 못했던 자신의 사고의 본질을 살펴보기만 하면 된다. 갑작스러운 변화는 순식간에 일어나며, 그것은 생각보다 더 심오한 일이다.

헌신

행복은 우리가 매 순간 하는 선택이다. 행복해지려면 먼저 행복해지겠다고 결심해야 한다. 행복을 위해 헌신해야 한다.

아마 눈치챘겠지만, 우리 인생의 모든 것이 바뀌어도 우리가 느끼는 행복의 수준은 전혀 달라지지 않을 수 있다. 더 많은 돈을 벌고, 애먹이는 골칫거리에서 벗어나고, 새로운 친구들을 만나고, 새 직업을 얻고, 문제를 해결하고, 목표하던 학위를 받고, 결혼을 하고, 항상 원하던 뭔가를 이루어도 우리는 여전히 불만을 느낄 수 있다. 행복은 우리가 처한 상황과 아무 관계가 없기 때문이다.

우리는 삶에서 그 어떤 것도 바꾸지 않고 행복해지는 방법을 배울 수 있다. 바꿀 것은 단 하나, 우리의 사고방식이다. 미국의 철학자 랠프 월도 에머슨Ralph Waldo Emerson은 이런 말을 했다. **"모든 행동의 기원은 생각이다."** 우리 삶에 존재하는 모든 것은 우리의 생각이 작동하는 방식과 연관돼 있다. 우리는 생각하는 대로 살게 될 것이다.

헌신은 변화를 이뤄내는 강력한 도구다. 헌신은 불확실성을 제거해 마음에 쌓이는 불안을 제거해준다. 예를 들어 결혼도 하나의 헌신이다. 두 사람이 결혼할 때는 앞으로 무슨 일이 생기건 서로에 대한 헌신을 바탕으로 어려움을 극복하며 계속 같이 살아갈 거라는 합리적인 믿음이 토대가 된다. 사람들은 결혼하기 전에는 종종 자신의 배우자를 잃을까 봐 불안해한다. 하지만 헌신이 그 불안을 없애주고 걱정을 '놓아버릴' 수 있는 자유를 준다. 헌신이 희망을 키워준다.

헌신이 없다면 어떤 프로젝트건 성공하기 힘들다. 다이어트를 하건, 시험공부를 하건, 테니스 치는 법을 배우건, 어떤 사업

스톱 씽킹

을 시작하거나 행복해지겠다고 결심하건 헌신은 그 프로젝트의 필수적인 단계다. 행복해지는 데 헌신하면 당신은 세상에 이렇게 선언하는 것이다.

"삶에는 내가 통제할 수 없는 것이 아주 많지. 하지만 이건 내 인생이고 무슨 일이 일어나건 상관없이 난 행복해질 거야."

행복해지기 위해 '조건'을 붙인다면 당신은 절대 행복해질 수 없다. 어떤 특정한 결과가 있어야만 행복해진다고 생각한다면 그 특정한 결과가 이뤄지면 다시 조건을 붙여 그 패턴을 반복할 뿐이다. '아이를 가지면' 행복할 거라고 믿는 사람은 아이가 태어나면 새로운 조건을 만들어낼 것이다. 그때가 되면 아이가 더 커서 미운 세 살이 지나가거나, 점점 늘어나는 생활비를 해결할 수 있을 정도로 충분한 돈이 생기면 행복할 거라고 믿을지도 모른다. 하지만 행복해지는 데 헌신하면 그런 조건들을 다 놓아버릴 수 있다. 조건을 붙이는 대신 당신은 스스로에게 이렇게 말하게 된다. "상황이 아무리 어려워도, 난 행복해지는 사고방식을 선택할 거야."

행복해지는 게 항상 쉽지만은 않다. 어쩌면 살아가면서 마주치게 되는 아주 큰 도전이 될 수 있다. 진정한 성숙이란 현재의 행복에 책임을 지는 것이다. 그것은 우리에게 부족한 것 대신 현재 가진 것에 집중한다는 뜻이다.

헌신은 당신이 찾고 있는 긍정적인 느낌을 되찾게 해주는 첫 단계다. 많은 사람이 눈앞의 문제를 해결하거나, 관계를 개선하면 행복해지리라 믿지만, 이런 생각들은 조건들이 다 충족될 때까지 행복을 미루겠다는 뜻이다. 헌신은 그 미래를 현재로 가져오는 첫 단계다.

당신은 언젠가 모든 것이 퍼즐처럼 딱딱 맞아떨어지는 날이 올 거라 믿을지 모른다. 하지만 이런 일은 일어나지 않는다. 당신의 인생이 앞으로 얼마나 좋아지고, 당신의 꿈이 몇 개나 실현되느냐에 상관없이, 당신은 지금 여기에서 행복해지겠다고 결심해야 한다.

당신은 지금 여기서 행복에 헌신해야 한다. 행복해질 수 있는 다른 방법은 없다.

이 책은 당신이 행복을 향해 갈 수 있도록 안내해줄 내비게이션 같은 역할을 할 것이다. 당신의 목표는 행복해지는 것이란 점을 잊지 말자. 그러기 위해 헌신하면서 거기에 도달하기 위해 이 책에 나온 도구들을 이용하라. 이제 그 길을 떠나보자!

02

생각이
마음에 작동하는 원리

생각을 하지 않는 사람은 없다. 생각하는 능력이 없다면 우리의 삶은 별 의미가 없을 것이다. 중요한 점은 우리가 생각하고 있다는 사실을 자각하는 것이다. 이미 그 사실을 알고 있다고 믿지 말라. 잠시만 당신의 호흡에 대해 생각해보라. 이 말을 하기 전까진 아마 자신이 숨을 쉬고 있다는 사실을 잊고 있었을 것이다. 호흡이란 아주 자연스럽고 무의식적인 행동이어서 숨이 막히기 전까진 자신이 숨을 쉬고 있다는 사실을 그냥 잊게 된다.

　생각도 같은 방식으로 작동한다. 우리는 항상 생각하고 있지만 그 일이 지금 일어난다는 사실을 잊기 쉽다. 하지만 호흡처럼, 우리가 생각하고 있다는 사실을 순간 잊어버리면 불행이나 우울증 같이 심각한 문제들이 발생한다. 우리의 생각은 항상 감정이란 결과로 우리에게 돌아오기 때문이다.

이 말이 무슨 뜻인지 설명해보겠다. **당신이 지금 느끼는 감정은 바로 이 순간 당신이 한 생각의 결과다.** 넓은 의미에서 **당신이 느끼는 감정은 항상 그 순간 당신이 하는 생각에 따라 결정된다.** 지금 이 책을 읽으면서 당신이 이런 생각을 하고 있다고 가정해보자. '내 문제를 이렇게 단순하게 다루다니. 내 문제는 상상보다 훨씬 더 심각하다고!' 이 생각의 결과 당신은 지금 회의적이고 비관적인 감정을 느낄 것이다. 이런 생각을 하기 전에는 당신은 그런 비관적인 감정을 느끼고 있지 않았다. 당신의 생각이 그런 회의적인 감정을 만들어냈지, 내가 책에 쓴 말이 만들어낸 게 아니다. 만약 그 말 자체가 감정을 만들어낸다면, 이 책을 읽는 모든 사람이 같은 감정을 느끼겠지만 현실은 그렇지 않다. 당신의 생각과 당신이 느끼는 감정은 아주 신속하게 관계를 맺기 때문에(1초의 몇 분의 1 수준이다) 이런 일이 일어나는 걸 알아차리는 사람은 거의 없다. 하지만 생각과 감정의 이런 인과관계는 인간으로서 겪는 굉장히 강력한 현상이다.

당신이 아침 신문을 읽다가 불타는 건물에서 구출된 한 아이에 관한 기사를 우연히 봤다고 가정하자. 그 기사를 읽으면서 당신은 이런 생각을 했다. '아, 정말 다행이야.' 이런 고무적인 생각을 하는 순간 당신은 마음에서 행복감이 솟아오르는 걸 느낀다. **이번에도 당신의 감정은 그 사건에 대한 당신의 '생각'으로 인해 일어난 것이지, 그 '사건 자체'가 만들어낸 게 아니다.** 만약 당신이 이 사건을 읽고 다른 생각을 했다면 다른 감정을 느꼈을 것이다. 반대로 '신문에서 이제 행복한 기사를 실을 때도 됐지. 신문은 항상 나쁜 뉴스로 가득 차 있으니까' 같은 생각을 했다면 행복감이 솟아오르는 게 아니라 비관적인 감정이 들었을 것이다. 당신이 하는 생각에 수반되는 감정은 항상 순식간에 일어난다. 이 심리 역학은 언제 어느 상황에서나 적용되는 진실이다. **당신이 어떤 생각을 하고 그것이 진실이라고 믿을 때는 언제나 그 생각에 대응하는 정서적 반응을 느끼게 된다.**

> **당신의 생각이 당신의 감정을 만들어낸다. 이 사실의 중요성을 이해하는 것이 불행과 우울에서 탈출하는 첫 번째 단계다.**

부정적이고 비관적인 생각은 그 구체적 내용에 상관없이 당신이 느끼는 모든 부정적인 감정의 근본 원인이 된다. 뭔가를 먼저 생각하지 않고 어떤 감정을 느끼는 것은 신경학적으로 불가능하다. 생각이 없다면 그야말로 감정을 느끼는 기준이 없어진다.

죄책감이 드는 생각을 먼저 하지 않고 죄책감을 느껴보라. 당신을 화나게 하는 뭔가를 생각하지 않고 분노를 느껴보라. 누구도 그럴 수 없다. 어떤 사건을 경험하려면, 먼저 그걸 머릿속에 떠올려서 해석하고 거기에 의미와 중요성을 부여하는 과정을 거쳐야 한다. 이 과정은 아주 중요하고 큰 의미가 있다. 당신의 삶이나, 환경이나, 유전자나 당신의 본성이 불행을 만드는 게 아니라 당신의 생각이 불행이라는 감정을 만들어낸다는 뜻이다. 불행은 그 자체로 존재하지 않고, 그럴 수도 없다. 불행은 당신이 자신의 삶에 대해 부정적인 생각을 할 때 수반되는 감정이다. 그런 생각을 하지 않는다면, 불행은 존재할 수 없다. 당신의 생각 말고는 당신의 부정적인 감정을 붙들고 있을 만한 곳이 없다.

한 사람을 불행하거나 우울한 성향으로 만드는 생리적 요소가 전혀 없다는 말을 하는 게 아니다. 하지만 생각이 없다면 그 불에 끼얹을 기름이 없어지는 것이다. 그런 성향이나 생리적 요소를 키워서 현실화하는 것이 바로 생각이다.

생각이 일어난 일을 문제로 만든다

친구가 이혼을 한다고 가정해보자. 당신은 그들이 백년해로

할 부부라고 생각했다. 그들은 지난주 수요일에 이혼 소송을 시작했고, 이제야 당신에게 전화로 그 소식을 전했다. '아, 안 돼.' 당신은 이렇게 말했고 곧바로 기분이 나빠지기 시작한다. 흥미롭지 않은가? 그 일은 이미 일어나서 끝난 지 오래다. 하지만 당신은 지금 그 일을 생각하면서 기분이 나빠지기 시작했다. 그 일은 일주일 전에 일어났고, 그때 당신은 그런 일이 일어난 것조차 모르고 있었으니까 그 일 자체가 당신을 기분 나쁘게 만든 게 아니다. 그 일에 대한 당신의 생각이 바로 당신이 느끼는 감정의 주범이다. 그 일은 당신의 생각 속에서 존재하기 전까진 일어나지 않은 일이었기 때문에 당신에겐 아무 의미가 없었다. 흥미롭게도 당신의 생각이 그 이혼을 다르게 해석했다면, 당신의 감정은 달라졌을 것이다. 당신은 이렇게 생각했을 수도 있다. '부부 사이 일이야 모르는 거니까 그들에겐 그게 최선이었겠지.' 이렇게 생각하면 그 부부에 대한 이해와 연민이 생기게 된다.

좀 더 일상적인 예를 생각해보자. 어떤 사람들에게 눈이란 눈덩이, 눈썰매, 스키, 눈사람을 뜻한다. 이 사람들에게 눈이란 기쁜 것이다! 하지만 다른 사람들에게 눈이란 눈이 녹아 질척질척한 길, 추운 날씨처럼 불평거리에 지나지 않는다. 하지만 눈 자체는 당신이 어떻게 생각하든 상관하지 않는다는 사실에 주목해보자. 눈은 중립적이다. 눈은 그냥 존재하며 계속 그 상태로 유지된다. 눈은 당신이 품을지도 모르는 긍정적이거나 부정적인 반응과 감정을 만들어내지 않는다. 오직 당신의 생각이 그렇게 할 뿐이다. 즉, **이미 일어난 일이 아니라 당신의 생각이 감정적 반응을 일으킨다.**

생각은 현실이 아니다

우리는 생각할 때 상상력을 이용해서 마음속에서 진짜가 아니라 그 일에 대한 상상이나 이미지를 만들어낸다. 당신이 축구 경기를 보고 난 후 차를 몰고 집에 가면서 머릿속으로 그 게임을 되새겨보고 있다면, 당신은 그 게임이 어땠는지 그저 상상하는 것이다. 그 게임은 더는 현실이 아니며 그저 당신의 마음속, 기억 속에서만 현실인 것이다. 그것은 한때는 현실이었지만 더는 그렇지 않다. 이와 마찬가지로 당신의 결혼생활이 얼마나 처참한지 생각하고 있다면, 그건 마음속으로 그렇게 생각하는 것이다. 그건 다 당신의 상상 속에서 일어난 것이다. 당신은 자신의 관계를 머릿속에서 글자 그대로 '만들어내고' 있다. 당신의 관계에 대해 당신이 하는 생각은 그저 생각일 뿐이다.

이런 속담이 있다. '상황이 눈에 보이는 것처럼 나쁘진 않아.'

이 말은 진실이다. 상황이 '나빠 보이는' 이유는 우리의 마음이 지나간 일들을 되살릴 수 있고, 다가올 일들을 마치 지금 우리 눈앞에서 일어나는 것처럼 볼 수 있기 때문에 그렇다. 설상가상으로 우리의 마음은 어떤 일이든 거기에 추가로 드라마를 더해서 실제 일어난, 혹은 앞으로 일어날 일을 더 끔찍하게 보이도록 만들 수 있다. 그보다 더 중요한 사실은 우리의 마음이 그 상상 속에 일어난 일을 몇 초 만에 수십 번은 되돌려 볼 수 있다는 점이다! 이 점을 이해하는 것이 중요하다. 친구와 한 말다툼은 실제로는 1~2분 정도 지속된 일이었지만 당신의 마음은 그 일을 재현하면서 확대시켜 장장 세 시간 동안, 혹은 평생 지속되게 만들 수 있기 때문이다. 하지만 그 말다툼은 당신이 10년 전에 아버지와 했던 말다툼만큼이나 더는 현실에 존재하지 않는다. 즉, 당신의 인생이 실제로 펼쳐지는 이 순간 당신이 기억해낸 그 말다툼은 그저 당신의 생각이자 마음이 만들어낸 사건일 뿐이다.

> 생각이 현실이 아니라는 점을 알게 되면 당신의 인생은 오늘부터 통째로 변화되기 시작할 것이다. 나는 이런 자각이 두려움과 우울로 가득 찬 누군가의 인생을 바꾸어놓는 광경을 수없이 목격했다.

자신의 옷장 문 뒤에 고약한 마녀가 있다고 확신하는 아홉 살짜리 아이에게 뭐라고 말할 것인가? 그 아이를 당신 집에 매주 오게 해서 그 마녀의 모습을 세세하게 묘사해보라고 시킬 것인가? 그 아이가 그 마녀 생각을 계속하게 둘 것인가? 아니다, 당신은 그 아이에게 마녀는 현실에 존재하지 않으며, 그저 그 아이가 만들어낸 상상이라고 말해줄 것이다. 당신의 도움을 받아 그 아이는 마침내 그 마녀는 오직 자신의 마음속에만 있다는 사실을 이해하게 된다. 일단 그렇게 되면 아이는 더는 두려워하지 않을 것이다.

이런 이해를 한 단계 더 발전시켜서 만약 이 아이가 이렇게 말한다면 당신은 어떻게 대답할 것인가? '내 인생은 실패했고, 아무도 날 좋아하지 않아요. 내 인생엔 재미있는 일도 없고, 더 이상 살고 싶지 않아요.' 아이에게 당신은 그 생각은 그저 생각일 뿐이라고 가르치지 않겠는가? 그런 관념, 그런 내면의 대화를 붙잡고 있는 것은 오직 그 아이의 생각일 뿐이다. 만약 아홉 살짜리 아이가 당신이 가르치려고 하는 요지를 이해할 수 있다면, 그리고 그 아이가 자기가 하는 생각과 다른 관계를 맺을 수 있다면, 그것이 현실이라고 믿는 것보다 상태가 더 나아지지 않을까? 그 아이가 자신의 모든 생각과 그런 관계를 맺는다면 좋지 않을까?

당신의 생각은 당신이 하는 것이다. 뻔한 소리 같지만 지금까지 당신은 이 중요한 사실을 놓쳤을지도 모른다.

우리는 매 순간 생각을 하고 이 생각이 삶에 대한 경험을 만들어낸다. 하지만 당신의 생각은 당신과 너무 가까이 붙어 있어서 당신에게 불리한 생각을 하는 사람이 본인이라는 사실을 잊기 쉽다.

예를 하나 들어보겠다. 한 남자가 내가 운영하는 상담소에 들어와 이렇게 말했다. "난 내 상사에게 화가 나요. 내 일도 마음에 들지 않아요. 거기서 나랑 같이 일하는 사람들도 싫어요. 아무도 내가 하는 일의 진가를 알아주지 않아요." 그의 생각이 그런 분노에 찬 감정을 만들어낸다는 점을 알려주기 시작했을 때 그가 말했다. "지당한 말씀이에요. 하지만 제가 항상 화가 나 있기는 해도, 그때마다 분노에 찬 생각을 하진 않습니다."

그는 지금 무엇에 속고 있는 것일까? 그 순간까지 그는 '생각은' '아주 깊이 숙고하는' 것이라 믿고 있었다. 그가 자신의 고통에 대해 몇 시간씩 곱씹으며 깊이 생각하진 않겠지만, 그래도 순간순간 부정적인 생각을 끊임없이 하고 있다. 그는 거의 모든 시간을 자신을 짜증나게 하고, 기분을 거슬리게 하는 사소한 것들에 대해 생각하면서 보냈다. 말로 표현하진 않았지만, 이건 마치 인생의 목표가 자신에게 영향을 미치는 다양하고 불쾌한 일들을 분석하고 그에 대한 자신의 견해를 밝히는 것처럼 보인다. 그의 부정적인 생각이 부정적인 감정을 만들어내고 있는데 자신이 그런 생각을 하고 있다는 사실조차 모르고 있었다. 그는 자신이 한 **생각의 희생자**였다.

나의 내담자는 자신이 생각을 하고 있다는 사실조차 자각하지 못하고 있었고, 자신의 감정이 생각에서 비롯됐다는 사실도 알 길이 없었다. 그는 자신의 부정적인 감정이 자신의 직장과 동료들 때문에 생겼다고 생각했다. 그런 생각이 바로 그가 느끼는 불행의 근원이었다. 그는 자기가 하는 생각은 자기의 내면에서 나온 것이 아니라 자기 주위에서 일어나는 일들 때문에 생겼다고 믿었다. 그는 그 생각을 쓰고, 제작하고 만들어낸 사람이 바로 자신이며, 하루 내내 그런 생각을 하기 때문에 정신적으로 고통스럽다는 사실을 알아차리지 못하고 있었다. 이런 사실을 깨닫게 되자 그는 아주 놀라운 통찰력을 얻게 돼서 그 후로 나는 내담자들에게 그의 사례를 계속 들려주게 됐다. 그의 통찰력은 바로 이거였다. '자기가 한 생각 때문에 속상해하는 것은 자기에게 아주 고약한 편지를 쓰고, 그 편지 때문에 기분이 상하는 것과 비슷하다!' 이 통찰력은 인생의 태반을 우울에 시달리며 살았던 사람에게서 나온 것이다.

당신의 생각은 당신이 만들어낸 것이다. 당신을 속상하게 만드는 생각을 하는 사람은 바로 당신이다. 일단 이 중요한 사실을 이해하면 자기가 한 생각 때문에 계속 화를 내거나, 짜증을 내거나, 두려워하거나, 우울해하는 것이 어리석은 짓이란 걸 알게 된다. 당신이 부정적이고, 비관적이고, 회의적이거나 분노에 찬 생각을 하면서 그걸 알아차리지 못하면, 당신이 우울해질 건 너무나 뻔하다. 당신이 지금 우울한 생각을 하고 있다는 사실을 잊어버리면 이런 일은 매번 반복될 것이다.

이런 악순환에서 벗어나는 유일한 방법은 그 생각을 하는 사람은 바로 본인이고 당신의 생각이 당신의 고통을 만들어내고 있다는 사실을 이해하는 것이다. **일단 당신의 생각이 생각에 불과하며, 그것이 '현실'이 아니라는 점을 인식하기 시작하면, 당신은 그 생각을 일축하고 그것 때문에 우울해하지 않게 될 것이다.** 우리 모두 평생 자신에 관한 수천 개의 생각을 쌓아가며 살 것이다. 하지만 그 내용에 상관없이 그런 생각들은 그저 생각에 불과하다는 사실을 기억하는 사람은 거의 없다.

생각의 순수한 본질을 이해하고, 당신과 당신의 생각 사이에 어느 정도 거리를 두는 쉬운 방법은 생각을 꿈에 비유해보는 것이다. 악몽을 꾼 경험은 누구에게나 있을 것이다. 악몽을 꿀 때는 아주 현실적으로 느껴지지만, 잠에서 깨어나면, 그건 그저 꿈이었다는 사실을 알아차린다. 꿈이란 그저 우리가 잘 때 하는 생각이다. 우리는 자고 있을 때도 여전히 생각한다. 낮에 하는 생각처럼, 밤에 하는 생각도 감정적 반응을 일으키고, 그것 역시 무서울 수 있다.

바로 며칠 전, 내 딸이 한밤중에 악몽을 꾸다가 잠에서 깨어난 적이 있었다. 그 꿈이 너무나 생생해서 아이는 꿈에서 겪은 일 때문에 식은땀까지 흘렸다. 하지만 일단 잠이 깨자 아이의 기분이 달라졌다. 아이는 세 살밖에 안 됐지만 자기가 꾼 꿈이 실제로 일어난 일이 아니라 그저 자기가 한 생각이라는 사실을 알아차렸다.

우리가 잠을 자지 않은 상태에서 한 생각도 같은 시각으로 바라볼 수 있다. 그 생각은 현실처럼 보이지만 사실은 그저 생각에 지나지 않는다. 그것이 단지 생각에 불과하다는 사실을 잊어버릴 때마다, 그것은 악몽만큼이나 현실적으로 보일 것이다. 이를 알아차리지 못하면 몇 초 만에 자기가 한 생각 때문에 두려워하거나 우울해할 수 있다. 거실에서 느긋하게 앉아 책을 읽고 있는데 갑자기 이런 생각이 들 수 있다. '난 너무 오랫동안 우울했어' 혹은 '내 삶은 행복하지 않아' 이런 생각이 얼마나 유혹적이고 교묘하게 사람의 마음을 파고드는지 알겠는가? 하지만 생각이 작동하는 방식을 이해하면, 우리는 그런 생각들을 일축해버릴 수 있다. 혹은 당신이 그러기로 선택한다면, 그런 생각을 쫓아가면서도 계속 스스로에게 무슨 짓을 하고 있는지 의식할 수도 있다.

> 자신의 생각을 통제하고, 지금 이 생각을 하는 사람이 나라는 사실을 아는 한 당신은 부정적인 감정에 휩쓸리지 않는다.

우울증으로 고통받지 않는 사람도 당연히 부정적인 생각을 한다. 하지만 우울한 사람과 큰 차이가 있다. 부정적인 생각이 찾아올 때 그는 자신에게 이렇게 말할 것이다. '또 이런다.' 혹은 그런 비슷한 말을 할 것이다. 머지않아 그는 자신이 생각을 만들어낸다는 사실을 깨달을 것이다. 그런 자각을 하면 정신없이 돌아가던 그의 마음은 속도를 늦추면서 비워지기 시작하고, 안도의 한숨을 내쉴 것이다. 그렇게 기분이 나아지면 다시 일상으로 돌아갈 수 있다.

반면 불행하거나 우울한 사람, 자기가 하는 생각을 객관적으로 보지 못하는 사람은 이런 생각의 흐름을 좇으면서, 그것이 현실이라고 믿고, 계속되는 고통에 자신을 내맡긴다. 이런 생각의 흐름을 좇아가지 않는다 해도, 결국 우울에 이르는 부정적인 생각 패턴을 따르게 될 것이다. 자기가 하는 생각이 어떻게 부정적인 경험을 만들어내는지 그 과정을 이해하지 않는 한 우울해지는 패턴에서 자신을 지키기 위해 할 수 있는 일은 별로 없다. 어쨌든 그 사람은 자기가 하는 생각이 현실이라고 믿고 있으니까.

　　이 문제의 해결책은 자기가 하는 생각을 현실로 보지 말고 그냥 생각으로 보는 것이다. 자기가 하는 생각과 어느 정도 거리를 두라. 당신이 꾸는 꿈처럼, 당신의 생각은 당신의 의식에서 나온다. 악몽이 당신을 해칠 수 없는 것처럼 당신의 생각도 당신을 해칠 수 없다. 당신이 생각과 일정한 거리를 두고 객관적으로 바라보면 그 영향에서 자유로워질 것이다.

　　사람들은 모두 나름의 부정적이고 자멸적인 생각을 한다. 이때 스스로에게 던져야 할 질문은 바로 이것이다. '이 생각을 대체 얼마나 진지하게 받아들일 것인가?' 당신의 생각은 그것에 힘을 실어줄 때만 그 힘을 발휘하는 법이다.

분명 긍정적인 생각이 부정적인 생각보다 선호되지만, 긍정적 생각 하나만으론 오랫동안 우울했던 상태에서 빠져나올 수 없다. 긍정적인 생각을 하는 사람들도 부정적인 생각을 하는 사람들만큼이나 자신이 하는 생각에 휘둘리며 산다. 자신이 생각을 하는 게 아니라 생각이 그들에게 '찾아온다고' 믿는다면 긍정적인 생각도 비슷하게 작동할 수밖에 없다.

물론 부정적인 생각보다는 훨씬 낫지만 긍정적인 생각 역시 생각에 지나지 않는다. 만약 당신이 항상 긍정적인 생각을 해야 한다고 믿는다면, 부정적인 생각이 마음속에 들어왔을 때 무슨 일이 일어나게 될까?

그때 더는 긍정적으로 생각해야 한다고 느낄 필요가 없다. 생각은 그저 '찾아오는' 것이라 믿으니까. 우울한 시간을 꽤 오랫동안 보내본 사람이라면(이 책을 읽고 있는 사람이라면 아마도 그럴 것이다) '좀 더 긍정적으로 생각할 것을 권유하는' 온갖 사람들의 선한 조언을 수없이 받았을 것이다. 유감스럽게도, **우울해본 적이 없었던 사람들은 우주선에 타고 달로 날아가는 것만큼이나 우울할 때 긍정적으로 생각하기가 불가능하다는 사실을 모른다!** 긍정적으로 생각하는 일은 우울증에서 빠져나오면 노력하지 않아도 자연스럽게 일어난다. 긍정적으로 생각하는 것은 당신의 생각이 당신을 해칠 수 없다는 것을 알면 자연스럽게 생겨나는 결과다.

한마디로, 당신의 생각과 지금까지와는 다른 관계를 맺으라. 당신이 하는 **그 어떤 생각도 심각하게 받아들이지 말고 흘러가게 두라는 말이다.** 살다 보면 부정적인 생각을 할 수도 있지만 그때는 그냥 자신에게 이렇게 말하면 된다. '또 이런 생각을 하는구나.' 그러면 그 생각은 더 이상 당신의 마음속에서 '대표적인 주인공'으로 등장하지 않게 된다! 이렇게 되면 당신의 마음속에 들어오는 부정적인 일련의 생각들을 다 따라가고 싶은 충동을 참을 수 있게 된다.

우리가 행복한 사람의 마음속에 들어갈 수 있다면, 그들이 꼭 긍정적인 생각만 하는 건 아니라는 사실을 알아차리게 될 것이다. 그들은 지금 자신이 하는 일을 제외하고는 별다른 생각을 하고 있지 않다. 행복한 사람들은 본능적으로 혹은 그렇게 배워서 가장 중요한 것은 인생 그 자체를 즐기는 일이지 그것에 관해 생각하는 일이 아니라는 점을 이해하고 있다.

> 행복한 사람들은 인생 그 자체에 깊이 몰두한다. 그 순간 자신이 하는 일에 푹 빠져 있기 때문에 멈춰서 자신의 행동을 분석하려 하지 않는다.

이 개념이 맞는지 직접 확인하고 싶다면, 유치원생들로 가득 찬 방을 한번 지켜보라. 아이들이 그렇게 즐겁게 놀고 있는 이유는 모든 에너지가 재미있게 노는 데 집중돼 있기 때문이다. 아이들은 뭘 하든 그것에 몰두하지 분석하지 않는다.

제발 이런 생각을 하는 오류를 범하지 말기 바란다. '아이들은 달라. 아이들은 어른처럼 인생에서 진짜 심각한 문제를 겪고 있지 않잖아.' 그렇지 않다. 아이들이 겪는 문제는 어른들이 겪는 문제만큼이나 심각하다. 아이들은 나이에 따라 아주 힘겨운 문제에 직면하고 있다. 부부 싸움을 하는 부모나 별거한 부모, 아이들에게 뭘 하라고 명령하는 어른들, 그들의 물건을 뺏어가는 사람들, 그리고 무리에 속하고 사랑받고 싶은 욕구처럼 무수한 문제에 대처하고 있다. 어른들과 아이들이 느끼는 행복 수준의 차이는 그들이 겪는 문제가 얼마나 현실적인가가 아니라 직면한 문제에 얼마나 초점을 맞추느냐다.

만약 당신이 자신의 삶을 계속 분석하거나 '점수를 매기고' 있다면, 지금 뭘 하고 있건 항상 결점을 찾아낼 수 있을 것이다. 누구의 인생인들 개선의 여지가 없겠는가? 사람들은 심지어 자신의 인생에서 '뭐가 잘못됐는지' 항상 찾아다니는 자신의 능력을 자랑스러워하기까지 한다. 하지만 당신이 '만약 ~한다면 인생이 훨씬 나아질 텐데'라는 생각을 쫓아다닌다면 또다시 자신의 생각에 휘둘리게 될 것이다. 하나의 생각은 다른 생각으로 이어지고, 그다음에 또 다른 생각으로 이어지고, 결국엔 당신이 얼마나 많은 부정적인 감정을 감당할 수 있느냐로 귀착되고 만다. 머지않아 당신은 우울해질 것이다. **진정한 행복은 매사를 분석하고 따지려 드는 마음을 털어버리고 마음의 소란을 잠재울 때 찾아온다.**

생각이 우울증뿐 아니라 당신이 인생에서 겪는 모든 경험을 만들어낸다는 사실을 알아차리면 삶을 분석하는 일은 그 매력을 잃게 될 것이다. 그보다는 언제고 그 상황에서 할 수 있는 최선을 다하고 지금 하고 있는 것을 즐기는 쪽에 집중할 것이다.

당신의 삶을 개선하지 말라는 말을 하는 게 아니다. 당신이 지금 어떻게 살고 있느냐를 따지기보다는 그 삶에 좀 더 집중해서 살아가면 자연스럽게 삶이 지금보다 나아질 것이다.

생각은 흘러가는 강물이다

강가에 앉아 강물 위를 유유히 떠내려가는 나뭇잎들을 지켜본 적이 있는가? 정신적인 긴장을 푸는 데 굉장히 도움이 된다. 각각의 나뭇잎은 다른 나뭇잎과 상관없이 흘러가지만 여전히 강물에 연결돼 있다. 당신은 어떤 나뭇잎이건 시야에서 사라질 때까지 지켜볼 수 있다. 이는 매우 비개인적인 과정이다. 내가 말하는 '비개인적인' 과정이란 나뭇잎들은 그저 계속 떠내려간다는 말이다. 당신이 그걸 좋아하건 혹은 그것이 다른 방향으로 떠내려가길 바라건 상관없이 나뭇잎들은 그냥 둥둥 떠내려간다.

우리의 생각도 그와 같은 방식으로 바라볼 수 있다. 우리의 의식은 잇따라 쉬지 않고 일련의 생각들을 만들어낸다. 그러다 우리가 하나의 특정한 생각에 집중하면, 그 생각이 현재에 모습을 드러내 우리에게 나타난다. 그러나 우리의 관심이 다른 곳으로 향하면 그 생각은 우리 마음에서 사라진다. 우리의 생각은 왔다가 간다. 우리가 적극적으로 그걸 통제하려고 하지 않는 한 생각의 내용을 통제할 수 없다. 지금 하는 생각은 우리가 하는 생각이고, 우리의 마음이 만들어내는 건 '현실'이 아니라 '생각'이라는 점을 이해하면 우리는 자신의 생각에 영향을 받지 않게 된다. 생각을 현실의 근원이 아니라 삶의 경험을 가져다주는 능력으로 보게 될 것이다. 이런 속담이 있다. '막대기와 돌은 내 뼈를 부러지게 할지 몰라도 말은 결코 날 해칠 수 없다.' 여기에 말 대신 생각을 넣어도 똑같다. 우리의 생각은 우리를 해치거나 우울하게 만들 수 없다. 그것은 그저 우리가 하는 생각에 지나지 않는다는 점을 우리가 이해하면 말이다.

우리가 하는 생각을 이렇게 좀 더 비개인적인 방식으로 보기 시작하면(다시 말해, 생각에 사로잡히는 대신 거리를 두고 바라보면) 우울에서 벗어날 수 있다. 생각은 계속될 것이고, 우리가 살아 있는 한 그럴 것이다. 하지만 생각에서 한 발자국 물러나서 우리가 하는 행동을 그저 관찰하면, 우리의 마음은 자유로워지고, 우리는 있는 그대로의 삶을 경험하게 된다.

생각할수록 생각은 점점 커진다

생각이 우리의 감정을 결정한다면, 우리가 부정적인 생각에 초점을 맞출 때 우리에게 무슨 일이 일어나는지 정확히 이해해야 한다. 일어날지 모르는 문제들을 머릿속에서 예행연습하고, 뭐가 잘못됐는지 한없이 곱씹고, 그 문제들에 대해 생각하고 말하는 데 오랜 시간을 보낸다면, 두 가지 일이 확실하게 일어날 것이다.

첫째, 당신은 당신이 가진 문제의 전문가가 될 것이다! 그 문제를 해결하는 전문가가 아니라, 그걸 묘사하는 전문가 말이다. 또한 상담치료사들은 당신을 사랑할 것이다! 둘째, 당신은 우울해질 것이고, 당신은 낙담할 것이다. 이 말이 사실인 이유는 여기에 근본적인 법칙이 작동하고 있기 때문이다.

한 가지 생각에 관심을 둘수록 그 생각은 점점 커진다!

당신이 지금 하고 있는 생각에 관심을 둘수록, 그 생각은 당신의 마음속에서 점점 더 커지고 점점 더 중요하게 느껴질 것이다. 상담사가 당신을 괴롭히는 문제를 생각하라고 요청하면, 당신은 상담사에게 대답할 것이다. 상담사가 함께 그 문제에 대한 해답을 찾으면서 그 문제를 좀 더 자세히 묘사하고, 또 뭐가 잘못될지 생각해보라고 하면, 상담사는 당신을 점점 더 깊은 고통 속으로 끌고 들어가는 것이다. 당신이 더 구체적이고 자세하게 그 문제를 묘사할수록, 그 문제는 점점 더 커진다.

여기서 잠깐 멈춰보자. 몇 초 전까지만 해도 당신은 괜찮았고, 그 문제에 대해 생각조차 하지 않았다. 그런데 이제 상담사의 도움을 받아 당신은 어떤 고통스러운 일이 마치 실제로 일어나고 있는 것처럼 묘사하고 있다! 하지만 그 일은 당신의 머릿속을 제외하면 일어나고 있지 않다. 물론 현실적인 문제를 인식하는 것도 필요하다. 하지만 문제를 인식하고 그걸 해결하기 위해 전념하는 건 기껏해야 1~2분이면 된다. 문제를 인식하는 것과 그 문제를 끝없이 곱씹으면서 머릿속에서 떠올리는 것, 그 상황이나 사건에 대해 끝도 없이 사후 분석을 하는 것은 완전히 다르다.

부정적인 과거의 기억을 직면하며 그때의 감정에 대해 말하면서 그걸 해결해가는 편이 좋다는 생각이 인기를 끌고 있긴 하지만, 나는 그렇지 않다고 생각한다. 그동안 사람들이 오랜 시간에 걸쳐 부정적인 감정을 해소하려고 한도 끝도 없이 애썼지만 그렇게 해서 처음보다 기분이 더 나아진 사람은 거의 없고, 오히려 상태가 나빠진 사람들만 많았다. 스스로에게(당신에게 상담치료사가 있다면 그에게도) 이런 질문을 던져보라. 이건(정신분석) 대체 언제 그만둬야 하는 것인가? 언제쯤 되면 이 정도면 충분하다고 할 수 있나? 내 기분은 대체 언제 나아지는 것일까?

당신이 하는 생각이 현실이라고 믿으면서 상담치료사의 격려를 받아가며 그 최악의 생각들을 극복하려고 하면 결국 더 많은 내적 충돌과 마주치게 된다. 당신이 더 많이 생각할수록 당신의 생각은 더 크고 중요하게 보이고, 더 많은 문제들을 해결해야 할 것이다. 감정은 생각에 좌우되기 때문에 당신은 어쩔 수 없이 더 우울해질 것이다. 그리고 유감스럽게도 전보다 더 우울해져 더 끔찍한 생각들을 하게 될 것이고, 이제 그런 생각들을 또 상담으로 '해결해야' 한다. 이 끝나지 않는 악순환은 절대 높은 차원으로 당신을 데려다주지 않는다. 이 악순환은 당신이 '더 이상은 안 된다'라고 결심할 때, 새로운 마음으로 시작할 때, 당신을 우울증에서 벗어나지 못하도록 붙잡는 범인은 당신의 생각뿐이라는 사실을 알아차릴 때 끝날 수 있다. 당신은 자신의 우울증에 초점을

스톱 씽킹

맞추는 일을 그만둬야 한다.

겸손

　이 방법을 배우면서 우울증에서 빠져나오기 시작했을 때 스스로를 닦달하지 않아야 한다. 자신의 생각 때문에 당신이 고통받는다는 사실을 인정하려면 겸손해져야 한다. 자신의 생각 때문에 당신이 우울해진다는 점을 알아차리기 전에는, 당신의 불행에 대해 다른 사람들과 당신이 처한 상황을 탓하기 쉬웠다. 당연하다. 인간이란 기분이 나쁘면, 왜 그런 기분이 드는지에 대한 이론을 내놓는 경향이 있기 때문이다. 진정한 원인을 모르는 상태에서는 그런 이유를 만들어야 그 상황을 이해하기 쉽다. 배우자와의 관계, 직업, 자식들, 유전자, 재정적 상황, 미래…. 당신이 왜 우울한지 이유를 만들어낼 수 있는 한 당신은 '~하면 상황이 나아질 것'이라는 거짓 희망을 유지할 수 있다. 하지만 머지않아 그게 사실이 아니란 걸 알게 될 것이다. '~할 때 인생이 더 나아질 거야'라는 사고방식은 먼저 내세운 조건들이 충족되자마자 곧장 다른 조건들을 만들어낼 것이다. 과거에도 원하던 걸 이뤘는데 여전히 행복은 손에 잡히지 않고 빠져나간 경우가 셀 수 없이 많았을 것이다. **당신이 처한 상황을 바꾸는 것이 당신이 가진 문제에 대한 해답은 아니다. 그랬다면 당신은 이미 행복했을 테니까!** 대학에 들어가고 싶었는데 입학을 했다. 친구가 있었으면 했는데 친구가 생겼다. 취직을 하고 싶었는데 입사를 했다. 인생에서 이런 일은 계속된다. 지금까지 인생에서 원하던 것을 갖게 된 경우가 셀 수 없이 많은데도 당신은 여전히 만족하지 못하고 있지 않은가!

이 문제에 대한 해법은 지금까지 당신이 자신의 생각을 통해 고통을 만들어내고 있었다는 사실을 겸손하게 인정하는 것이다. 걱정하지 마라. 거의 모든 사람이 똑같은 행동을 하고 있으니까. 좋은 소식은 이 말이 진실이란 점을 당신이 알아차리는 순간 훨씬 더 나은 삶을 살게 될 것이라는 점이다. 당신이 그동안 얼마나 우울했건, 얼마나 오랫동안 우울했건, 당신의 생각 하나 때문에 우울증에서 벗어나지 못했다는 점을 인지하는 순간, 당신은 자유로워진다.

생각을 열심히 해서 우울증에서
빠져나갈 수는 없다

우울증에서 벗어나고 싶다면, 뭘 해야 하는지뿐만 아니라 뭘 하지 말아야 하는지를 아는 것도 아주 중요하다. 백 년 동안 생각을 하고 또 해도 우울증의 손아귀에서 절대 빠져나갈 수 없다. 그 이유는 마음이 우울할 때는 부정적인 생각을 하게 되기 때문이다. 그때 당신의 눈에 보이는 거라곤 모두 부정적인 것뿐이다. 당신은 이미 당신의 생각이 감정을 결정한다는 사실을 알고 있다. 우울한 마음으로 생각해봤자 더 우울해질 뿐이다. 유명한 미식축구 코치인 빈스 롬바르디가 이런 말을 한 적이 있다. "뭔가 틀린 행동이라면 그것을 아무리 열심히 해도 도움이 되지 않는다." 이 명언이 가장 잘 적용되는 예는 사람이 우울할 때일 것이다. 애초에 당신을 우울하게 만든 건 당신의 생각이었으니, 그 생각을 아무리 많이 해봤자 더 우울해질 뿐이다.

불에 기름을 붓다

우울할 때 당신이 스스로에게 저지를 수 있는 최악의 행동은 생각을 계속하는 것이다. 특히 당신의 생각을 이용해서 우울증에서 빠져나오려고 할 때 더 그런데, 이는 오히려 '불에 기름을 붓는' 격이다. 아마 당신은 다른 많은 사람처럼, 우울할 땐 생각을 멈출 수 없다고 믿을지도 모른다. '생각을 멈추는' 것이 어려울 수는 있다. 하지만 **우울할 때 하는 생각을 자연스럽고 필요한 일이라고 믿으며 하는 것과 그것이 당신이 겪고 있는 고통의 원인이란 걸 알면서 하는 것 사이엔 어마어마한 차이가 있다.** 일단 그동안 당신이 해온 일이 스스로를 해치고 있었다는 사실을 깨달으면, 당신은 그 일을 그만두는 방법을 찾을 것이다! 과거에 당신이 생각을 열심히 해서 우울증에서 빠져나오려고 시도했던 이유는 다른 대안을 몰랐기 때문이다. 하지만 그 행동이 참을 수 없이 아프다는 걸 알면 상처에 소금을 뿌리는 짓을 하진 않을 것이다. **우울할 때 생각을 하는 것은 깊은 상처에 소금을 한 양동이 퍼붓는 것과 비슷하다!** 우리의 생각과 감정 사이의 역학을 이해하기 시작하면, 당신은 운전하던 차가 진흙탕에 처박혔을 때 액셀러레이터를 밟는 걸 줄이는 것처럼, 생각을 서서히 줄일 수 있다. 진흙탕에서 빠져나오려고 속도를 높이는 방법이 효과가 없다는 걸 이해하기 전에는, 분명 그러고 싶은 유혹을 느낀다. 하지만 액셀러레이터에 올려놓은 당신의 발의 무게와 진흙탕에 더 깊이 빠져드는 것 사이의 관계를 이해하게 되면, 당신은 조금씩 발의 힘을 뺄 수 있다. 생각을 열심히 해서 우울증에서 빠져나오려는 충동을 참으면 예상보다 훨씬 더 빨리 우울증에서 벗어날 수 있다.

스톱 씽킹

건강한 정신 작용

우리는 모두 내면에 '건강한 정신 작용'을 가지고 태어난다. 건강한 정신 작용이란 습득하는 것이 아니라 타고나는 것이다. 그것은 생득권이며, 생각이나 '성격'에 빠져 있지 않을 때 우리는 항상 작동하는 것이다. 건강한 정신 작용은 선천적인 것이며, 우리의 가장 자연스러운 정신 상태다. 그것은 스스로 생각하는 나(자아)가 아니라 더 높은 차원의 나, 진정한 나이자 앞으로 될 수 있는 나의 모습이다. 건강한 정신 작용에는 우리의 지혜가 깃들어 있다. 그것이 바로 마음의 평화이자, 상식이며, 인생에 대한 만족이고, 결핍이 없는 완전한 감각이다.

나는 우리의 건강한 정신 작용을 지혜나 상식 같은 다른 말로 표현할 것이다. 당신이 그걸 뭐라고 부르건 중요하지 않다. 이 말들은 서로 바꿔서 쓸 수 있다. 건강한 정신 작용은 불행 너머를 보는 우리의 일부이자 정서적 명랑함의 근원이며, 오랫동안 지속되는 진정한 행복의 원천이고, 지금 우리가 처한 상황이 완벽하지 않아도 그것 때문에 심란해하지 않는 우리의 일부이다.

당신 역시 건강한 정신 작용을 가지고 태어났으며, 이건 타고난 것이지 배워야 하는 대상이 아니라는 점을 아는 것이 중요하다. 불행해지는 법도 배워서 습득하는 것이다. 세상에 그 누구도 회의적이거나 부정적으로 태어나는 사람은 없다. 자기 회의, 자기비판, 부정적 성향과 비관주의는 부정적인 생각을 심각하게 받아들이는 법을 배운 결과다. 당신의 자아상과 성격은 스스로에 대해 해온 생각들을 편집한 것이며, 그중 일부는 부정적일지도 모른다. 당신이 자신에 대한 부정적인 생각을 심각하게 받아들이는 법을 배우지 않았더라면, 거기에 따라오는 감정을 겪지 않을지도 모른다. 당신이 하는 부정적인 모든 생각은 스스로 만들어냈다. 생각은 당신이 거기에 힘을 실어주지 않는 한 당신을 해칠 힘이 없다.

유감스럽게도 자신에 대해 하는 생각이 그저 생각에 불과하다는 점을 당신이 배우지 못한다면, 당신은 그것이 정말 있는 그대로의 자신을 묘사하는 거라고 믿기 시작할 것이다. 생각을 점점 더 굳게 믿을수록, 타고난 건강한 정신 작용은 점점 더 흐려지게 된다. **낮은 자존감은 당신이 심각하게 받아들인, 자신에 대한 회의로 흐려진 정신 작용의 결과물이다.**

한번 생각해보자. 어린아이는 스스로에게 이렇게 물어볼 생각을 하지 않는다. '나는 이만하면 좋은 사람일까?' 아이는 스스로 그런 질문을 하는 게 아니라 누군가에게 배워서 한다. 이런 자기 회의에 찬 생각을 배우기 전에는 아이의 자아상은 아주 건강하고 온전했다. 자신에 대한 부정적인 생각들을 받아들이는 것이 학습된 결과라면 당신 마음에 흐르는 부정적인 생각들을 무시하고 좀 덜 심각하게 받아들이는 법 또한 배울 수 있다. 그렇게 하면, 당신의 건강한 정신 작용은 아주 빨리 돌아올 것이다. 그런 생각들을 떨쳐버리면, 더 쾌활한 감정이 돌아올 것이다.

건강한 정신 작용은 우리 내면에 있으며 보이지 않지만 우리가 알아차릴 수 있는 힘이다. 그것은 우리가 만지거나 입증할 수는 없다. 마치 꿈과 유사하다. 누구나 꿈이라는 작용이 실제 있다는 사실을 알지 않은가! 우리의 건강한 정신 작용을 활용할 수 있는 첫 번째 단계는 그것이 실제로 존재한다는 것을 믿고, 그것을 이용하고 싶다는 욕망을 가지는 것이다. 삶에는 보이지 않지만 기적 같은 면들, 예를 들어 생각, 꿈, 창의성, 직감, 상식, 지혜

같은 것이 아주 많다는 사실을 기억하라.

건강한 정신 작용이 당신에게 굉장히 생소하게 느껴지는 이유는 대개 그런 경험을 무의식중에 하기 때문이다. 굉장히 단순한 느낌이라 알아차리지 못하는 것이다. 쉽게 묘사할 수 있는 흥분 같은 느낌이 아니다. 사실, 건강한 정신 작용은 그것이 없는 상황을 묘사하기가 훨씬 더 쉽다.

건강한 정신 작용은 모든 것이 괜찮아 보일 때, 인생이 단순해 보이고, 삶에 대한 균형 감각을 유지하고 있을 때 찾아오는 감정이다. 예를 들어 아이가 노는 모습이나, 나무에서 나뭇잎들이 떨어지는 풍경이나, 문이 열리는 모습과 같이 단순한 것들을 보고 감동할 때 받는 느낌이다. 건강한 정신 작용이 작동되고 있을 때는 주위에서 무슨 일이 일어나건 상관없이 우리는 내면의 평정을 유지할 수 있다.

일단 건강한 정신 작용이 자신의 일부란 점을 이해하면 우리는 삶에서 그 존재를 알아차릴 수 있는 문을 열게 된다. 우리가 건강한 정신 작용이 자신의 내면에 존재한다는 사실을 받아들일 때 비로소 그것이 평소에도 활발하게 작동할 것이다. 기분 좋게 잠에서 깨서 인생에 대한 고마움을 느꼈을 때를 기억해보라. 심지어는 시종일관 인생을 비관적으로 보는 사람들도 가끔은 마법 같은 순간을 마주할 때가 있다. 혹은 인생에서 바라지 않던 일이 일어났는데도 당신이 균형 감각과 마음의 평정을 유지했던 때를 돌이켜 보라. 왜 어떤 때는 그렇게 마음의 평정을 유지할 수 있었던 반면 또 어떤 때는 금방이라도 돌아버릴 것 같은 마음이 들었을까? 그 이유는 우리가 가끔은 내면에 있는 건강한 정신 작용을 끌어내기도 하고, 또 가끔은 그러지 못하기 때문이다. 그것은 무의식 세계로 사라졌다가 순전히 우연으로 다시 떠오르는 종류의 것이 아니다. 건강한 정신 작용 역시 직감처럼 우리가 언제나 불러낼 수 있는 보이지 않는 내면의 힘이다. 우리는 그것이 자기 자리에서 우리가 불러주길 기다리고 있다가 언제든 나타날 수 있다는 것만 알면 된다. 그러면 그때 건강한 정신 작용이 나타날 것이다.

가능성을 신뢰하라

지금까지 묘사한 건강한 정신을 항상 유지하는 법을 배울 수 있다면 아주 근사하지 않겠는가? 그렇게 하는 첫 단계는 그 가능성에 마음을 여는 것이다. 최악의 고비에서 한 번이라도 마음의 평화를 느낀 적이 있다면, 혹은 어떤 상황에서 다른 사람들과 달리 당신은 평정을 유지할 수 있었다면, 그런 일이 규칙적으로 일어날 가능성이 존재한다. 불행을 극복하고 더 행복하고 더 기쁨에 찬 사람이 되기 위해 우리는 인생에서 불행보다 더 강력하고 중요한 뭔가를 찾아내야 한다. 건강한 정신 작용은 그 어떤 불행의 근원보다 더 강력하고 아름답다. 일단 우리 삶에 존재하는 건강한 정신 작용을 인식하기 시작한다면, 그것이 가장 중요한 요소가 될 것이다. 진정 행복하고 생산적인 인생을 살아가기 위해 우리에게 필요한 건 자신의 건강한 정신 작용을 발견하는 것이다. 만약 당신이 건강한 정신 작용을 이용하고 있는데도 문제를 해결할 수 없다면, 그건 도저히 해결할 수 없는 문제인 것이다.

사람에 대해 알아야 할 내용은 단순한 두 가지 사실로 요약할 수 있다. 우리는 모두 매우 다르면서 동시에 매우 비슷하다는 점이다! 우리의 성격이나 생각 체계가 작동될 때 우리는 개인적인 사연과 관념, 불평과 드라마를 가진 수십억의 개별적인 존재에 지나지 않는다. 이 영역에는 분리, 마찰, 스트레스, 갈등과 수많은 불행이 존재한다. 모두 적극적으로 생각하고, 유감스럽게도 자기가 생각한 것을 대부분 믿고 있다. 이 영역에는 굉장히 거대한 혼란이 존재하는데 그 이유는 모두 자기 방식이 '옳다고' 생각하기 때문이다. 하지만 우리의 마음이 침묵할 때, 우리가 그저 '존재'할 때, 그리고 우리의 건강한 정신 작용과 협력할 때, 우리는 모두 아주 중요한 의미에서 같다. 적어도 정말 중요한 면에서는 그렇다. 우리의 내면은 평화롭고, 고요한 감정으로 가득 차 있다. 우리는 서로의 차이를 이해하고, 자신과 타인에게 애정어린 마음으로 친절하게 대한다. 우리는 더 큰 그림을 보고, 우리의 차이가 우리에게 해가 되지 않는다는 사실을 알고, 인생의 아름다움 속으로 들어갈 수 있다.

불행처럼 강력한 걸 그냥 없애버릴 수는 없다. 그걸 대체할 그보다 더 강력한 것, 그러니까 건강한 정신 작용이 있지 않는 한 말이다. 건강한 정신 작용은 '생각할 수 있는' 그 어떤 것보다 훨씬 더 강력하다. 건강한 정신 작용이 이루어지는 곳은 명상의 장소 이지만 거기에 도달하기 위해 명상을 할 필요는 없다. 그저 그곳이 존재한다는 사실을 인식하고, 거기에 있는 편을 선호하면 거기에 이를 수 있다. 건강한 정신 작용 덕분에 우리는 삶의 매 순간을 충실하게 살면서, 항상 할 수 있는 최선을 다할 수 있다. 그 덕분에 우리는 인생에서 가장 중요한 건 인생 자체와 평화를 즐기는 거라는 사실을 기억하게 된다. 이렇게 느끼게 되면 정말 모든 것이 저절로 풀리게 된다. 동시에 자신의 건강한 정신 작용을 제대로 활용하지 않으면 만사가 제대로 풀리지 않을 거라는 점도 알게 될 것이다.

일단 건강한 정신 작용이 우리 내면에 실제로 존재한다는 점을 알아차리면 필요할 때 불러낼 수 있게 된다. 하지만 먼저 자신의 건강한 정신 작용이 실제로 존재한다는 걸 인지하고, 당신

의 머릿속에 있는 단순한 개념 이상으로 대해야 한다. 당신의 직
감처럼 당신이 신뢰해야 한다.

생각 체계 vs 건강한 정신 작용

우리의 생각 체계는 우리 인생의 세부적인 면들, 자신과 타
인의 비교, 세속적 추구, 지적 능력, 자아 만족과 끝없는 욕구와
필요에만 관심이 있다. 우리는 그 생각 체계를 만족시킬 수 없다.
그것이 하는 일이란 끝없이 생각하고, 비교하고, 대조하고, 분석
하는 것이며, 우리 인생에서 일어나는 일에만 관심이 있다. 생각
체계가 작동하는 일련의 지침은 삶의 만족과 부합하지 않는다.
자신의 생각 체계에만 관심을 집중하면 우리는 불만스럽고 불행
한 삶을 살게 될 것이다. 생각을 열심히 한다고 행복해질 수는 없
으며, 행복해지기 위해 우리가 할 수 있는 일은 없다.

> **행복은 일련의 만족스러운 상황이 아니라 하나의 마음 상태다.**
> **행복은 같이 살아가는 법을 배워야 하는 평화로운 감정이지, 우**
> **리가 열심히 찾아다녀야 할 뭔가가 아니다.**

그렇게 찾아다녀서는 행복을 발견할 수 없다. 그러려고 시도하는 순간, 행복이 우리의 외부에 있다고 인정하는 꼴이 되기 때문이다. 행복은 우리 안의 건강한 정신 작용에서 나오는 느낌이다. 건강한 정신 작용이 우리의 중요한 일부란 개념을 받아들이면, 우리는 행복해지려고 노력하길 멈추고 그저 행복해지는 법을 배울 수 있다.

우리 내면에 있는 건강한 정신 작용을 믿고 거기에 접속하는 방법을 배우지 않는다면, 행복해지는 법을 배울 수 없다. 자신의 내면에 있는 감정을 찾으려 하지 않고, 계속 마음에 흐르는 부정적인 감정에만 주의를 기울일 것이기 때문이다.

건강한 정신 작용은 우리 삶에서 일어나는 일에는 관심이 없다. 그것은 보다 확장된 시야를 가지고 있다. 그것은 우리가 삶에서 일어나는 일들과 어떻게 **관계를 맺고 있는지**에 관심이 있다.

확실히 이 두 가지 방식 사이에는 거대한 차이가 있다. 우리의 생각 체계는 '그것이 생각하기에' 뭐가 행복의 조건인지를 내세운다. 반면 우리의 건강한 정신 작용은 어떻게 하면 행복해질 수 있는지 알려준다. 우리 안에 생각 체계만 있다면 결코 행복해지지 못할 것이다. 우리는 자신을 행복하게 만들 수 있는 수십 가지 조건들을 생각해낼 수 있겠지만, 실제로 행복을 느낄 수는 없다. 생각하는 마음은 계속 당신을 행복하게 해줄 조건들을 내놓지만, 그런 조건들이 충족되면, 그 과정을 다시 처음부터 시작할 것이다. 예를 들어 '나의 재정적인 상황이 개선되면 나는 행복해질 거야' 같은 조건부 행복을 생각해보자. 당신이 복권에 당첨된다고 해도 생각 체계는 다시 작동될 것이다. '당첨금이 더 많았으면 좋았을 걸' 혹은 '아, 당첨금을 잃어버리면 어떡하지?' 혹은 '복권 기금이 파산해서 내게 돈을 못 주면 어떡하지?' 이런 생각들이 다시 당신의 머릿속을 가득 채울 것이다.

당신의 일부인 건강한 정신 작용은 당신의 재정 상황이 당신의 마음에 들든 안 들든 당신이 행복하게 느끼게 해준다. 우리의 내면에서 항상 만족을 느끼는 곳이다. 건강한 정신 작용은 우리에게 일어나는 일에는 관심이 없고, 그저 우리가 그렇게 일어나는 일에 어떻게 느끼고, 그 일을 어떻게 이해하고 있는지에 관심을 가진다.

좋은 일이건 나쁜 일이건 모든 일들은 왔다가 간다.

단지 당신의 기억, 당신의 생각만이 어떤 상황에서도 계속 살아남아서 그 일어났던 일들에 의미를 부여한다. **우리 내면에 갇혀 있는 행복을 해방시켜주는 열쇠는 우리 스스로가 그런 생각들을 만들어내는 장본인이란 사실을 깨닫는 것이다.**

인생의 진정한 힘은 생각하는 사람이 자신이라는 것을 인식하는 데서 나오지 생각 그 자체에 있는 게 아니다.

건강한 정신 작용은 한 번 쓱 읽은 후에 잊어버리는 단순한 이론이나 수동적인 대상이 아니다. 그것은 우리 내면에 있는 아주 현실적이고, 긍정적이며, 살아 숨 쉬는 힘으로, 거기에 접속하는 방법을 배울 수 있는 실체다. 당신은 이미 과거에 그곳에 여러 번 접속했고, 그 순간 당신은 모든 것이 다 좋다고 느꼈다. 불행을 없애고 그 자리를 기쁨으로 채울 수 있는 비결은 당신의 인생에서 건강한 정신 작용이 모습을 드러냈을 때 그걸 알아차리고 이를 키우고 발전시킬 수 있는 방법을 배우는 것이다.

건강한 정신 작용은 완전히 잃어버릴 수 있는 대상이 아니다. 다만 우리가 심각하게 받아들인 부정적이고, 습관적이고, 불안한 생각들에 가려질 수는 있다. 그런 생각들을 심각하게 받아들일수록, 정신적 건강은 더 멀게 느껴진다. 우리에게 인생에 대한 생각만 있는 게 아니라 이 '건강한 정신 작용'도 있다는 사실을 아는 것이 불행에 맞서는 아주 중요한 무기가 된다. 마음 속 깊은 곳에(당신이 아주 깊은 우울에 빠져 있다고 해도), 부정성 이면에 언제나 평화롭고 편안한 마음이 있다는 사실을 알 때, 당신은 지금보다 더 즐겁고 우울하지 않은 감정이 곧 당신을 찾아올 것이란 희망과 자신감을 되찾게 된다. 불행이 떠나지 못하게 붙잡고 있는 유일한 요인은 당신의 생각뿐이다. 당신은 그저 느긋하게 긴장을 풀고 지금 생각하는 것보다 앞으로의 인생에 더 많은 것들이 당신을 기다리고 있다는 가능성과 새로운 풍요로움과 평화로움이 당신 앞에서 펼쳐질 거라는 믿음에 마음을 열면 된다. 먼저 건강한 정신 작용에서 나온 이 단순하고 강력한 느낌의 진가를 알아차리는 것부터 시작하라.

만약 당신이 부모라면, 첫 아이가 태어난 순간을 돌이켜보라. 그때 느낀 그 더없는 행복과 기쁨을 기억해보라. 부모가 아니라면, 당신이 완전히 그 순간에 '존재한' 순간, 당신의 마음이 다른 어느 곳이 아닌 바로 그 순간에 집중하고 있던 순간, 모든 것이 '딱 좋게' 느껴지던 그 순간을 떠올려보라. 숲이나 바다에서 자연의 아름다움에 심취하고 있을 때일지도, 사랑에 빠지던 순간일 수도 있다. 얼마나 깊은 우울증에 빠져 있건 누구에게나 지금까지 살아오면서 적어도 몇 번은 그런 건강한 정신 작용을 느꼈던 순간들이 있을 것이다. 건강한 정신 작용을 어떻게 느껴야 할지 배워야 하는 사람은 없다. 그것은 저절로 일어난다. 그 순간 생각의 속도가 느려지면서 스위치를 끄듯 당신의 생각하는 마음이 꺼진다.

건강한 정신 작용은 바로 그 순간, 현재에 존재한다. 걱정과 문제에 정신을 집중하길 멈추고 마음을 쉬게 해줄 때 일어난다.

　건강한 정신 작용이 외부가(그것이 아무리 그럴듯하더라도) 아니라 당신의 내면에서 나온다는 사실을 깨닫기 시작할 때, 당신은 언제든 이 아름다운 곳에 들어갈 수 있다. 자신의 건강한 정신 작용을 자각하는 방법은 배울 수 있다. 가족과 같이 있든, 직장에서 일하고 있든, 숲에서 산책을 하고 있든 언제 어느 때나 이곳에 쉽게 들어가는 방법을 배울 수 있다. 그것에 대한 이해와 그러려고 하는 의도와 인내심을 가지고 연습만 하면 할 수 있다.

　건강한 정신 작용은 아주 가끔 들어갈 수 있거나, 혼자 조용히 앉아 있을 때만 들어갈 수 있는 게 아니다. 당신이 들어가 살 수 있는 하나의 장소다. 스스로에게 매일, 심지어 매시간 물어보라. '내 안의 건강한 정신 작용은 어디 있는가? 전에도 느껴봤으니 내 안에 있는 건 안다.' 당신은 건강한 정신 작용을 원해야 하고, 그에 대한 인식이 당신 인생의 중요하고 필수적인 일부가 되어야 한다.

　세속적인 욕망, 꿈, 열망은 당신이 건강한 정신 작용에 접속한다고 해서 위태로워지지 않는다. 오히려 그 반대로 건강한 정신 작용에 접속하면 더 큰 그림을 보기 시작할 것이고, 진정으로 동기부여가 되는 것, 진정으로 원하는 것을 보게 될 것이다. 또한 어떤 활동들과 목표들은 그대로 내버려두는 편이 낫다는 점도 알게 될 것이다. 생각도 이렇게 그냥 놔둘 수 있다. 일단 어떤 생각의 흐름이 당신을 이끄는지 보게 되면 그 방향이 마음에 들지 않을 때 그걸 바꿀 수 있게 된다. 기계적으로 일하는 시간을 대폭 줄이고, 애정을 가지고 일하는 데 더 많은 시간을 쓰게 될 것이다. '가치가 있는 일은 그만큼 잘해야 한다'고 믿는 대신 '가치가 있는 일은 즐겁기 때문에 한다'는 시각으로 인생을 보게 될 것이다.

> 진정한 내면의 힘을 지니게 되고, '아니오'라고 거절할 수 있는 능력도 생길 것이며, 당신이 정말로 원하는 게 뭔지 아는 지혜가 생길 것이다.

건강한 정신 작용에 접속함으로써 당신은 정보를 새롭게 창의적인 방식으로 보게 되고, 이성적이고 생산적인 결정을 내릴 수 있게 될 것이다. **결국 삶의 흐름에 저항하는 대신 거기에 올라타 즐기게 될 것이다.**

단서를 찾다

건강한 정신 작용으로 향하는 길을 알려주는 단서들을 찾

스톱 씽킹

아보자. **속상했을 때 이유를 찾으려 하지 말고, 기분이 좋을 때 그 상태에 관심을 기울여보라.** 그 부분에 에너지와 관심을 쏟을수록, 훨씬 더 자주 경험하게 될 것이다. 당신이 경험하는 그 좋은 느낌이 점점 더 커지면서 당신에게 더 많은 자신감과 희망을 줘서 긍정적이고 삶의 질을 높여주는 순환을 시작할 것이다. 시간이 지나면 스스로 그 건강한 정신 작용 속으로 들어갔다 나올 수 있게 되고, 결국엔 대부분의 시간을 그런 상태로 지낼 수 있다. 물론 행복한 마음으로 들어갈 수 없을 때도, 당신은 적어도 그것이 당신의 내면에 있다는 사실만큼은 알고 있을 것이다. 그것만으로도 불행과 우울에 사로잡혀 있는 당신을 보호해줄 방패가 될 것이다.

당신의 건강한 정신 작용은 과거에 불행이 그랬던 것보다 훨씬 더 중요하고 현실적이어야 한다. 그렇게 되면, 당신은 새로운 빛과 새 희망이 당신의 삶에 들어오는 모습을 보게 될 것이다. 과거에 당신이 경험한 정신적으로 건강한 순간들은 몇 분으로 늘어났다가 몇 시간이 되고, 그러다 마침내는 삶의 방식 자체가 될 것이다. 지금은 느껴지지 않는다 해도, 여전히 그것이 당신 속에서 당신의 관심을 기다리고 있다는 점을 알아차려야 한다.

당신에게 신고 싶었지만 예전에 잃어버렸던 특별한 오렌지색 양말이 한 켤레 있다고 상상해보자. 그 양말이 존재하고, 그것이 어떻게 생겼는지 알고, 그걸 찾고 싶은 마음이 확실하면 그게 있다는 것조차 모를 때보다 그걸 찾을 가능성이 수천 배 더 커진다! 뭘 찾고 있는지도 모르는데 어떻게 찾을 수 있겠는가?

당신이 온전한 정신으로 적극적으로 찾고, 살펴보고, 갈망한다면, 그토록 간절히 찾는 것을 발견하게 될 것이다. 어떤 상황에서도 결코 우울해하지 않는 당신의 이런 부분을 알아차리고 인정하면, 햇빛이 그늘에 방치된 식물을 살리는 것처럼, 그것이 당신의 불행을 정복하기 시작할 것이다. **빛은 어둠보다 강하다. 건강한 정신 작용은 불행보다 더 강력하다.** 일단 당신의 내면에 건강한 정신과 행복이 존재한다는 점을 인정하면, 그것들이 아주 큰 힘을 얻어 움직이기 시작할 것이다.

어둠을 연구하는 방식으로는 빛을 찾지 못한다. 상담치료사들과 친구들은 자주 당신에게 자신의 고통을 묘사하게 하고 그것이 암시하는 바를 살펴보고 마음의 평화를 찾아주기 위해 그 고통의 이면에 있는 '이유'들을 찾게 한다. 그들은 당신에게 고통스러운 과거를 분석하고 당신의 부정성과 어두운 면과 '대면하게' 시킨다. **당신이 우울하다면 이미 자신의 부정성을 대면하고 있는데 말이다.** 행복해지기 위해서 당신은 그 반대 방향인 당신의 건강한 정신 작용으로 가야 한다. 여기서 오해하지 않았으면 좋겠다. 공감하며 경청하는 사람은 한 사람의 영혼을 치유하는 데 기적을 발휘할 수 있고, 좋은 사람이라는 신호다. 나는 전통적인 치료 방법을 비판하거나 비난하려는 게 아니고, 물론 좋은 우정을 헐뜯으려는 것도 아니다. 그저 당신이 인생에서 원하는 걸 얻는데 어떤 방법을 쓸지 당신 스스로 결정하는 법을 제시하고 있을 뿐이다. 당신에게 어두운 면이 있다면, 좋다. 그걸 인정하고 앞으로 나아가면 된다. 당신의 과거와 문제들에 대해 지나치게 생각하는 것은 당신에게 실제로 속상해하고 불행해할 만한 좋은 이유가 있다는 걸 확신시켜주는 것밖에 안 된다.

축구 선수가 페널티킥을 차는 순간, 1만 5000명의 팬들이 그를 응원하거나 야유하고 있을 때, 그는 다른 건 다 잊어버리고 공에만 정신을 집중해야 한다. 일류 선수들은 그렇게 한다. 조금이라도 주의가 흩어지면 골을 못 넣게 돼서 경기에서 지기 십상이다. 훌륭한 선수는 공을 넣을 수 있도록 연습하고 또 연습할 것이다. 그는 과거에 한 실수들을 곱씹지 않을 것이다. 그는 자신의 능력을 의심하는 생각을 품지 않을 것이다. 그는 자신의 의식에서 과거에 한 실수들의 이미지가 흘러나오고 있다는 점도 인정할 것이다. 정신 건강과 행복해지는 것도 같은 방식으로 작동한다.

당신이 '행복한 사람들' 100명에게 행복해지는 비결을 묻는다면, 그들 중 누구도 살면서 단 한 번도 부정적인 감정을 느낀 적이 없다거나, 단 한 번도 부정적인 생각을 안 했다거나, 과거가 완벽했다고 대답할 사람은 없을 것이다. 다만, 부정적인 생각을 하고 있을 때도 그보다 더 나은 것, 그 순간 경험하고 있는 그 끔찍한 느낌보다 더 중요한 게 있다는 걸 알고 있었다고 대답할 것이다. 이런 믿음이 바로 그들이 느끼는 행복의 원동력이다.

> 행복한 사람들은 지금 자신이 생각하는 것보다 훨씬 더 낫고, 강력하고, 중요한 뭔가가 있다는 걸 안다!

행복한 사람들은 자신의 불행을 연구한다고 행복해지지 않는다는 사실을 안다.

스톱 씽킹

04

생각 버리기 기술

평범한 사람의 머릿속에는 하루에 대략 5만 개의 생각이 들어왔다 나간다. 다행히 우리는 머릿속에 들어오는 생각들을 '떨쳐버리는' 아주 중요한 능력이 있다.

생각 떨쳐버리기는 노력하지 않아도 자연스럽게 일어나는 과정이다. 덕분에 우리는 혼란, 불안, 과도한 자극에 빠지지 않고, 자신의 생각에 과도하게 사로잡히지 않을 수 있다. 이 능력이 없다면 우리는 머릿속에서 일어나는 무수한 정신 활동을 도저히 감당할 수 없어 신경쇠약에 걸려 쓰러졌을 것이다.

당신은 토요일 밤에 어떤 영화를 한참 재미있게 보다가 좀 지루해졌다. 그러다 내년 여름에 침실을 파란색으로 페인트칠할지, 아니면 하얀색으로 칠할지 고민을 하기 시작했다. 이때 당신은 하루에도 수십 번 떠오르는 수만 가지 생각처럼 그 생각을 떨쳐버릴 것이다. 생각 때문에 토요일 밤의 즐거움을 망칠 가능성은 별로 없다. 그 생각을 평가하고, 분석하거나 곱씹지 않고, 어떤 노력도 들이지 않고 그 생각이 흘러가게 놔둘 것이다. 그렇게 그 생각이 떠나면 다시 원래 하던 영화 감상으로 관심을 돌릴 것이다. 당신이 하루 종일 이런 생각들을 얼마나 쉽게 떨쳐버리는지 떠올리면 도움이 된다. 이때 자신에게 이런 중요한 질문을 던져보라. **"어떤 생각은 떨쳐버릴 수 있는데, 왜 다른 생각은 그렇게 할 수 없는가?"** 당신이 스스로 생각을 떨쳐버릴 수 있다고 믿는다면 뭐든 그렇게 할 수 있다. 이것이 단순한 진실이다.

하지만 침실의 페인트를 무슨 색으로 칠할지에 대한 생각을 무시하지 않고 거기에 온 정신을 집중했다고 가정해보자. 그랬다면, 그 생각은 당신의 마음속에서 더 큰 의미를 띠게 돼서 당신에게 영향을 끼칠 것이다. 어떤 색을 칠할지에 대해 계속 생각하다 보면 혼란스러워질 것이고, '난 항상 결정을 못 내려' 같은 또 다른 생각들로 이어지면서 그 결과 좌절이나 불안을 느끼게 된다. 그 생각은 이제 그만하기로 결심하지 않는 한 하나의 생각이 자연스럽게 또 다른 생각으로 이어지는 일이 계속된다.

애초에 어떤 생각이 당신의 마음속으로 들어오는지에 대해 당신은 놀라울 정도로 통제력이 없다. 생각은 당신의 마음속에서 무작위로 불쑥 나타나는 것 같다. **생각을 통제하는 힘은 생각이 떠오른 후에 시작된다.**

당신에게 그 문제에 대해 계속 생각하거나 흘려 내보낸다는 선택권이 있다고 생각해야만 그런 통제력이 생긴다.

이 능력은 **생각 그 자체는 당신을 해칠 힘이 없다**는 점을 이해해야만 생긴다. 생각은 당신의 마음속에 떠오르는 이미지에 지나지 않고, 언제든 그렇게 하기로 선택할 때 당신은 그 이미지들을 떨쳐버릴 수 있다.

어떤 생각이 필요 없거나 중요하지 않다고 여길 때 우리는 그 생각을 떨쳐낼 수 있다. 하지만 뭐가 불필요한 생각인지 잘못 판단하면 곤경에 처한다. 예를 들어 침실을 페인트칠하는 생각은 그냥 무시해버릴지 모르지만, 인생이 얼마나 끔찍해졌는지에 대한 생각은 그러지 않을지도 모른다. 우리는 어떤 생각은 중요하지 않다고 떨쳐버리면서, 어떤 생각은 마치 그것이 살아 있어서 움직이기라도 하는 듯 분석하고 또 한다. 무엇보다 침실 색깔에 대한 단순한 생각보다 당신의 인생이 얼마나 끔찍해졌는지에 대한 생각을 털어버리는 것이 훨씬 더 중요하다. 하지만 원한다면 언제나 이 선택을 할 수 있다는 사실을 알아차리는 사람은 거의 없다. **생각을 버리는 기술을 연습하다 보면 그게 정말 얼마나 쉬운지 알게 될 것이다.**

우리의 정서적 행복을 방해하는 생각들을 떨쳐버리는 방법을 배우면, 기분은 훨씬 나아진다. 기분이 나아지면 긍정적 순환이 시작되고, 부정적인 생각이 우리의 머릿속에 덜 들어오게 된다. 부정적인 생각이 머릿속에 들어오더라도 아무렇지 않게 그걸 털어버릴 수 있다.

잠시 당신이 자신의 재정 상태에 대해 괴로워하며 앉아 있다고 상상해보자. 당신은 먹고살기가 얼마나 힘든지 생각하는 중이다. 이러다 절대 빚에서 헤어 나오지 못할 것 같은 생각이 머릿속을 가득 채우고 자기 연민에 빠진다. 그러다 갑자기 아래층에서 올라오는 연기 냄새를 맡는다. 아래층에 아이들이 산다는 사실을 아는 당신은 의자에서 벌떡 일어나 뭔가 도울 일이 있을지 보려고 아래층으로 달려간다. 이때 자신에게 이런 질문을 해야 한다. '불이 났을 때 그 전에 하던 당신의 생각은 어떻게 됐는가? 그 생각은 어디로 갔는가?' 간단히 말하면, 당신은 그 생각을 털어버렸다. 당신은 불이 났을지 모르는 상황에 대처하는 것이 가난에 대해 계속 생각하는 것보다 더 중요하다고 판단했다. 사실 이렇게나 단순한 문제다. 그 생각을 떨쳐버리고 다른 일을 보러 갔을 때 당신은 그 생각의 부정적인 효과에서 자유로워졌다. 더 이상 스스로를 불쌍하게 느끼지 않고, 다시 기운이 났고, 심지어 위기 상황에 도움이 될 돈까지 가지고 있다. 부정적인 느낌은 사라졌고 그 자리에 새로운 생각과 관련된 감정들이 찾아왔다.

당신의 재정 상황과 관련해서 느꼈던 그 부정적인 감정이 다시 돌아오는 길은 똑같은 문제를 다시 생각하는 것뿐이다. 세상엔 그렇게 하는 사람들이 너무나 많다. 그들은 화재에 대처한 후 곧바로 원래 했던 생각으로 돌아온다. 이건 마치 스스로에게 이렇게 말하는 것 같다. '자, 방해받기 전까지 내가 무슨 생각을 하고 있었더라? 아, 그렇지. 내 인생이 얼마나 처참한지에 대해 생각하고 있었어. 그래, 내 인생은 정말 끔찍해. 그리고 난 기분이 정말 나빠.' 많은 사람들이 그런 짓을 하고 있다는 사실을 깨닫지 못한 채 감정적으로 자신을 고문한다.

> 당신이 스스로에게 무슨 일을 하고 있는지 알아차리는 순간이 바로 자신을 자유롭게 풀어주기 시작하는 순간이다.

당신의 인생이 얼마나 끔찍한지 생각하는 사람은 바로 당신 자신이다. 이 행동을 멈출 수 있는 힘은 당신에게 있다. 당신이 해야 할 일은 그 생각을 만들어내는 사람은 바로 당신이라는 자각이다.

　인간에게는 의미 없고 파괴적인 생각에서 벗어날 수 있는 선천적인 능력이 있다. 예를 들어, 상사가 갑자기 문을 열고 들어오면 사무실에서 일어나고 있던 다툼은 어떻게 될까? 모두 바로 일에 몰두하는 척할 것이다. 그 순간, 그들은 그 논쟁을 잊는다. 관련된 사람들은 그 다툼이 일어나게 된 생각을 털어버릴 동기가 생겼다. 하지만 누군가 그 사람들에게 그 다툼을 끝내기 위해 그 생각을 털어버리라고 제안하면, 이렇게 대꾸할 것이다. '말이야 쉽지. 어떻게 그 생각을 털어버릴 수 있겠어?'

　위의 사례처럼 우리도 계속 생각을 떨쳐버리고 있지만 그런 행동을 의식하지 못한다. 당신에게도 자신을 불행하게 만드는 생각들을 떨쳐버릴 동기는 아주 많다. 그렇게만 한다면, 당신은 행복해질 것이고 당신의 문제들은 저절로 해결될 것이다.

시간이 해결해주는 것이 아니라
내가 해결할 수 있다

　곤란한 문제와 고통스런 사건을 극복하기 위해 사용하는 방법 가운데 가장 인기 있는 해결책은 '시간이 지나가길' 기다리는 것이다. '시간이 모든 상처를 치유한다'는 것이다. 하지만 단지 시간이 지나간 것 때문이 아니라, 당신이 그 문제에 대한 생각을 더 이상 하지 않기 때문에 그것이 사라졌다는 사실을 알아차리는 사람은 드물다. 실제로는 '생각 내려놓기'가 바로 정신 건강을 되찾을 수 있었던 요인이다. 이 사실을 알아차린 사람이라면, 아주 높은 수준의 마음 상태를 유지할 가능성이 높다. 하지만 대부분 생각을 내려놓아서 어느 정도 정신 건강을 되찾을 수 있는데도, 스스로 어떻게 그렇게 했는지 그 과정을 인지하지 못한다. 그렇게 되면 긍정적인 감정을 유지하는 건 불가능하다. 다음번에 부정적인 생각이(지난번과 같은 생각이거나 새로운 생각) 머릿속에 들어오면, 그들은 또다시 똑같은 패턴의 희생자가 될 것이다. 정신 건강을 유지하는 비결이 부정적인 생각을 털어버리는 것이란 점을 알게 되면, 자유롭게 계속 좋은 마음 상태를 누릴 수 있게 된다.

뭔가를 극복할 때 시간은 사실 별 상관이 없다. 10년 전에 일어났건 10분 전에 일어났건 상관없다. 시간의 흐름이 정말 시련을 극복하는 데 도움이 되는 결정적 요인이라면, 일정 시간이 흐르면 모두가 문제들을 극복할 것이다. 하지만 그렇지 않다는 걸 우리는 안다.

여기에는 의미심장하고 현실적인 의미가 있다. 우리는 인위적으로 문화적 혹은 사회적 시간대를 설정해서 어떤 상황을 극복하거나 회복하려고 하지만, 사실은 시간이 아니라 우리에게 그힘이 있다는 것이다. 예를 들어 우리가 뭔가 시도했다가 실패했다면, 그걸 극복하고 다시 앞으로 나아갈 수 있는 시간은 현재에없다. 대개 어떤 종류의 실패를 극복하려면 일주일 정도 걸리는데, 그건 그 일이 일어나고 7일 후에 우리가 그 일에 대해 생각하길 멈추고 앞으로 나아간다는 뜻이다. 생각해보면 그 일은 이미끝났고 오직 우리의 마음속에서만 존재하는 것이다. 우리가 원한다면 그 일에 대한 생각에 더 이상 관심을 쏟지 않고, 머릿속에 그생각이 들어오더라도 털어버릴 수 있다. 그런 부정적이고 고통스런 생각을 털어버린 결과 기분이 얼마나 좋아지는지 알게 되면,이런 생각을 계속 고수하는 것은 점점 더 매력을 잃게 될 것이다.생각 떨쳐버리기는 당신이 배워야 할 새로운 일이 아니라 이미하고 있는 일이다.

스톱 씽킹

05

지혜

내가 가장 자주 받은 질문이 있다. 생각이 그저 생각에 불과하고, 지나치게 관심을 기울여야 할 대상이 아니라면, 어떤 생각은 관심을 두고, 어떤 생각은 떨쳐버려야 할지 어떻게 아느냐는 것이다.

우리는 다행히 내면에 그 어떤 테스트로도 측정할 수 없을 만큼 깊고 심오한 지성, 즉 지혜를 가지고 있다. 우리의 지혜가 우리에게 언제 그 생각에 귀 기울이고 그걸 믿어야 할지 그리고 언제 무시해야 할지 알려줄 것이다. 지혜는 우리가 습관적으로 생각하고 있을 때와 상식을 이용해서 현명하게 생각하고 있을 때를 구분해준다.

지혜는 좁고 개별적인 생각 체계의 바깥에 존재한다. 그래서 지혜를 이용할 때, 우리는 평소와 같은 방식이 아니라 완전히 다른 관점에서 생각한다. 지혜가 생각에서만 나오는 건 아니라는 점을 아는 게 중요하다. 지혜는 지성이나 기억력과는 아무 관계가 없다. 지혜가 당신에게 하려는 말을 '머리를 써서' 알아낼 수는 없다. 그 대신 이미 알고 있는 조용한 내면의 목소리를 신뢰하는 법을 배워야 한다. 답을 모를 때는 그걸 모른다는 사실을 아는 것이 바로 지혜다.

지혜란 당신이 여러 번 경험한, 뭔가를 아는 감각이자 직감이다. 예를 들어 당신은 한번 운전을 배우면 절대 잊어버리지 않는다. 몇 달, 심지어 몇 년 동안 운전을 안 하다가도 운전석에 앉으면 완벽하게 운전한다. 지혜란 내면의 앎이며, 그 덕분에 당신은 다시 운전을 배울 필요 없이 운전할 수 있다.

지혜는 우리 인생의 모든 면에 존재한다. 때로 당신이 뭔가를 할 수 있다는 걸 그냥 알게 될 때가 있다. 이건 답을 찾으려고 생각을 깊이 하는 것과는 꽤 다른 경우다. 오래된 친구 한 명을 생각해보라. 그 친구를 왜 사랑하는지에 대한 이유를 찾아야 할까? 지혜는 당신이 누구를 사랑하고 누구를 피해야 할지 말해준다. 이번엔 당신이 좋아하지 않는 사람을 생각해보라. 그 사람의 긍정적인 특징을 10가지 말해보라. 당신이 할 수 없다면, 다른 누군가는 할 수 있을 거라고 장담한다. 누군가의 긍정적인 특징을 줄줄 읊을 수 있는데도 왜 그 사람을 좋아하지 않을까? 그건 당신의 직감이 당신에게 무엇이 최선인지 알기 때문이다. 지혜는 생각하는 마음보다 훨씬 더 강력한 데다 많은 것을 알고 있다.

다시 앞의 질문으로 돌아와서, 어떤 생각에 관심을 기울이고, 어떤 생각을 피해야 할까? 한마디로, 당신의 지혜가 말해줄 것이다. 예를 하나 들어보겠다. 당신은 지금 기분이 안 좋은 상태에서 배우자에 대해 이런 생각을 하고 있다. '그 사람은 아무짝에도 쓸모가 없어!' 이 생각을 떨쳐버릴 것인가, 품고 있을 것인가? 답은 떨쳐버리는 것이다. 이 부정적인 생각을 털어버림으로써 당신은 배우자에 대해 또다시 떠오르는 수백 가지의 안 좋은 생각을 피할 수 있고, 그 결과 우울해지지 않을 수 있으며 지혜가 제대로 작동하도록 할 수 있다! 당신의 느낌은 당신의 생각이 작용한 결과물이다. **당신이 배우자에 대해 부정적으로 생각하면, 고통받는 사람은 당신이지 당신의 배우자가 아니다.** 인생에 대해 긍정적인 느낌을 유지하고 부정적인 생각의 유혹을 물리치는 것은, 지혜의 문을 활짝 열어놓는 것이다. 긍정적인 감정 상태에 있을 때는 언제나 당신의 건강한 정신 작용, 즉 지혜가 작동되고 있다.

정말로 당신의 배우자가 쓸모없는 사람일 수도 있다. 그렇다면 당신이 좀 더 행복한 상태에서, 내면에 있는 존재가 뭔가 변해야 한다고 말한다면 어떨까? 그것도 아주 좋다! 그건 내면의 지혜가 작동하고 있다는 뜻이니까. 반드시 그 소리에 귀를 기울이고 거기에 따라 행동하라. 지혜는 당신이 기분 좋을 때, 행복할 때, 당신이 이성적일 때 말을 거는 조용한 목소리다. 이때는 결혼 생활에서 뭔가 변할 필요가 있다는 걸 알아차린 것이다. 이때의 지혜는 당신의 배우자를 안 좋게 생각해서 나오는 게 아니고, 기분이 불쾌해서 나오는 것도 아니다.

> 지혜는 절대로 부정성에서 나오지 않는다. 당신의 마음이 부정적인 생각으로 가득 차 있을 때 지혜는 절대 나오지 않는다.

지혜는 마음이 고요해질 때, 부정적인 생각들을(그런 생각이 배우자와 관련된 것일지라도) 떨쳐버리고 당신의 내면에 있는 앎의 소리에 귀 기울일 때 나온다. 이 과정은 당신이 마음의 소란을 잠재우고 지혜의 문을 활짝 열어젖힐 때 언제든 일어난다. 지혜는 한 가지 간단한 조건만 충족되면 항상 당신에게 말을 걸 것이다. 바로 그 문제에 대한 모든 부정적인 생각을 떨쳐버리고 마음을 고요히 가다듬는 것이다. 그때 지혜가 작동되고 답을 찾을 수 있다.

현대 심리학의 아버지 윌리엄 제임스Willam James는 이렇게 말했다. "지혜란 평소와 다른 방식으로 세상을 보는 것이다." 지혜는 오래된 문제를 새롭고 신선한 방식으로 보는 것이다. 내면의 지혜를 발견할 때, 습관적인 생각의 패턴에서 풀려나 행복과 내면의 평화로 가득 찬 삶을 향해 항해할 수 있다. 당신에게 필요한 건 지혜뿐이다. 그것은 당신의 길잡이가 돼서 언제 앞으로 나아가고, 언제 한 발자국 뒤로 물러날지, 언제 듣고, 언제 답을 기다려야 할지 말해준다.

> 역사상 현명한 사람들은 삶이 실제인 반면, 삶에서 일어나는 문제들은 허상이라는 것을, 그건 생각이 만들어낸 것에 불과하다는 사실을 아는 사람들이었다.

이들은 인간이 생각할 수 있는 능력을 통해 문제를 만들어내고 터무니없이 부풀린다는 사실을 알고 있었다. 그들은 인간이 생각의 경계 밖으로 나갈 수 있다면, 우리가 찾는 대답을 발견할 수 있다는 점도 알고 있었다. 지혜는 아하, 하고 무릎을 치게 되는 것이고, 대부분의 사람들이 여러 번 겪는 아주 분명한 경험이다. 하지만 우리가 언제나 자기 안의 지혜의 목소리를 들을 수 있다는 사실을 이해하는 사람은 아주 드물다.

지혜는 당신 내면에 있는 앎의 감각이다. 그것은 진정 건강한 정신이자 평화로운 마음이며, 인생에 많은 해답이 있다는 걸 아는 상태다. 지혜는 당신의 생각들 사이 빈 공간에, 당신의 '생물학적 컴퓨터'가 꺼진 조용한 순간에 존재한다. 예를 하나 들어보겠다.

마크는 아주 지적인 사람이었다. 그의 일반적인 패턴은 문제들을 극복하기 위해 그것에 대해 생각하고 말하는 것이었다.

마크는 직업을 바꿔야 할 필요가 있다고 느꼈다. 그는 다니는 회사에서 일어나는 사내 정치에 질리고, 좌절하고, 실망했고, 동료들에게 실망했고, 급여에 실망했고, 그 외에도 셀 수 없이 많은 문제에 실망했다. 그는 혼자서, 친구들과, 아내와 심지어 진로 상담사와 그 문제를 의논하는 데 막대한 시간을 쏟으면서 자신이 그 일을 좋아하지 않는 이유를 아주 상세하게 논의하고 생각했다.

마크는 필사적으로 답을 찾고자 했다. 그는 직장을 그만두고 뭘 해야 할지, 어디로 가야 할지, 누구와 의논해야 할지, 이 일 대신 뭘 해야 할지 알고 싶었다. 집에 돌아오면 다시 아내와 그 문제를 상의하고 해답을 찾기 위해 머리를 쥐어짰다.

마크는 어떤 생각이 떠오르면 그걸 분석해서 거기서 뭘 찾아낼 수 있을지 알아보려고 했다. 하지만 자신의 생각에 너무 깊이 사로잡히면 지혜를 접할 능력을 잃게 된다. 문제가 있는 곳에서 자신이 해답을 찾고 있다는 사실을 결코 깨닫지 못하는 끝없는 악순환을 만든다. 하지만 당신이 생각은 원래 당신 속에서 나온 것이며, 생각은 당신이 순간순간 하는 것이라는 점을 인식하면 삶은 꽤 다르게 보인다. 이 경우 당신은 생각을 하는 사람이 바로 자신이라는 사실을 볼 수 있고, 자신이 하는 생각의 내용에서 완전히 초연할 수 있으며, 그 결과 통찰력을 얻을 수 있게 된다. 당신은 생각에 빠져 있는 대신, 마음의 여유와 균형감과 통찰력을 얻게 된다. 당신은 자신이 만들어낸 생각의 한계를 넘어 그 순간 진정으로 실제하는 세상을 보게 된다.

마크는 생각이 떠오를 때 그 생각을 따라갈지 말지 선택할 수 있는 자유가 있다는 점을 알아야 했다. 일에 대한 생각을 완전히 버리는 것이 그에게 최선이라는 사실을 설득하는 데는 시간이 좀 걸렸다. 처음에는 그가 선택한 분야에서 일하게 되었을 때의 긍정적인 느낌을 다시 찾을 필요가 있었다. 그렇게 하자 그는 통찰력을 되찾고 일이 현재 완벽하진 않지만, 지금 참여하는 장기 프로젝트를 완성할 때까지는 새 직업을 찾는 일을 연기하는 게 최선이라는 사실을 깨달았다.

1년 후 마크는 그가 한 최고의 선택은 퇴직 충동이 가장 강했을 때 그 회사를 떠나지 않은 거라는 사실을 깨달았다. 결국 그 회사를 나가서 전에 하던 일과 연관성이 있지만 연봉이 거의 두 배 높은 다른 회사로 갔다. 마크는 이전 회사에서 진행하던 프로젝트를 끝내서 자신의 가치를 입증하지 않았더라면 새 회사로 옮길 수 없었으리라 말했다. 마크의 분석적인 생각은 엄청난 좌절감만 안겨줬지만, 그의 지혜는 새로운 길을 개척해주었다.

　　지혜는 당신의 건강한 정신 작용이 제대로 작동하고 있다는 신호다. 당신은 지혜를 살아가면서 나아갈 길을 안내해주는 안내자로 쓸 수 있다. 지혜는 당신이 '평소에' 하는 생각보다 더 유익하고 강력하다. 당신이 품을 수 있는 어떤 의문에도 답할 수 있다. 당신이 어떤 질문이나 문제에 맞닥뜨렸을 때, 머리를 맑게 하고, 마음의 소란을 잠재운 후에, 지혜에게 답을 달라고 청하라. 당신은 그 답에 놀랄 것이다.

스톨 씽킹

06

생각은
관심을 주면 커진다

우리의 과거는 우리가 하는 상상일 따름이고, 미래 역시 그렇다.
유일하게 실재하는 순간은 **바로 지금**이다. 경험을 창조하는 데 생
각의 강력한 역할을 알아차리면, 우리는 우리의 생각에 행복이나
불행에 책임이 있다는 사실을 깨닫게 될 것이다. 이는 아주 강력
한 통찰력이다. 당신만이 삶을 바꿀 수 있다는 점을 시사하기 때
문이다. 미국 철학자 랠프 월도 에머슨은 이런 말을 했다. "모든
행동의 조상은 생각이다." 지금보다 더 행복한 사람이 되기 위해
선 먼저 행복이 가능하다고 상상해야 한다.

당신의 생각이 당신이 느끼는 감정을 결정한다.

부정적인 생각에 관심을 쏟으면, 기분은 더 나빠진다. 부정적인 감정에 대해 토론하면서 해결하는 방식이 이성적으로 보이겠지만, 사실은 그렇지 않다. 사람들은 끝도 없이 부정적인 생각을 '해결하려는 작업'을 하지만, 그 작업을 시작했을 때보다 기분이 나아진 사람은 거의 없다. 스스로에게(당신의 심리치료사에게도) 던져야 할 질문은 바로 이것이다. 이 정신분석은 언제 끝나는 걸까? 언제쯤이면 괜찮은 상태가 될까? 내 기분은 언제쯤 나아지는 걸까?

당신의 생각이 진짜라고 믿는다면(일반적으로 심리치료사가 최악의 감정들을 상담치료로 해결해보자고 격려했을 것이다) 당신은 결국 그 상담을 시작했을 때보다 더 많은 문제들을 해결해야 할 것이다. 그 생각을 더 많이 할수록, 문제는 더 크고 중요하게 보이고, 그만큼 더 많은 생각에 대처해야 할 것이다. 감정은 당신의 생각이 결정하기 때문에 감정은 당연히 더 나락으로 떨어진다. 게다가 전보다 더 우울해지기 때문에 유감스럽게도 당신은 부정적인 생각을 더 많이 하게 되고, 새로 생긴 부정적인 생각들까지 '해결해야' 할 것이다. 이러한 끝없는 악순환은 행복해지고 싶은 당신을 결코 나락에서 끌어올려주지 않을 것이다. 이 악순환은 당신이 더 이상은 안 된다고 결정할 때 끝이 난다. 행복해지고 싶다면, 부정적인 감정에 그만 집중하고, 내면에 있는 건강한 정신의 마법 같은 느낌을 되찾아야 한다.

문제 해결사의 함정

사람들은 뭐가 잘못됐는지, 뭐가 단점인지, 뭐가 완벽하지 못한지 찾아다니고, 앞으로 일어날지 모르는 위험을 지적하고, 트집을 잡고, 걱정하고, 매사를 회의적으로 보고, 과거에 저지른 실수들을 기억해내려 한다. 이것을 나는 '문제 해결'이라고 부른다. 컴퓨터라면 이 과정이 필수적이지만, 인간에게 이런 면은 마음에 도움이 되지 않는다.

'문제 해결'은 사회적으로 용납되는 형태의 정신 질환이다. 많은 사람들은 잠재적인 문제들을 예견하고, 다른 사람의 단점을 찾아내고, 과거에 저지른 실수들을 기억해내는 자신의 능력을 자랑스러워한다. 그들은 스스로를 '현실주의자'라고 부른다. 단점을 찾아내는 자신의 기술이 필요하고 중요하다고 여긴다. 그들은 자신의 행동과 사고방식을 이런 말로 합리화한다. '역사에서 배워야 해.' '또다시 문제가 일어나지 않도록 조심해야 해.'

이 문제 해결사들은 종종 아이의 자존감이 낮아지도록 키운다. 그들은 아이에게 잔소리를 하는 데 바빠서 아이의 존재 자체를 감사하는 법을 완전히 잊어버린다. 아이는 종종 부모의 이런 태도를 자신이 부족한 존재라는 뜻으로 해석한다. 문제 해결사들은 스스로도 자존감이 낮다. 삶에서 일어나는 일을 있는 그대로 경험하는 대신 개선할 수 있는 방법을 끊임없이 생각해낸다. 그들은 상황이 아무리 좋아지더라도 상관하지 않고 계속 더 많은 걸 원한다.

문제 해결사는 결코 만족할 수 없다. 그들이 자신의 생각을 자기에게 불리한 쪽으로 이용하고 있기 때문이다. 그들은 자신의 인생을 평가하는 데 바빠서 그걸 음미할 시간이 없다. 그들은 아주 사소한 결함이라도 집어내서 그걸 아주 큰 문제로 부풀린다. 뭔가 마음에 드는 것이 있어도 그걸 다른 것과 비교한다.

문제를 개선하고, 뭔가를 뛰어나게 잘하고, 뭔가 성취하길 바라거나 비교하는 것이 잘못된 건 아니다. 하지만 삶의 아름다움에 마음을 열고 그것을 받아들이는 대신 **비교, 비판, 지금 이대로는 완벽하지 못하다는 생각으로 머릿속을 가득 채우는 건 정신에 해롭다.** 삶에서 얼마나 많은 결점을 찾아낼 수 있는지 두고 보는 시합이 될 필요는 없다. 당신 안의 문제들을 해결하려는 생각을 좇아가는 대신 그걸 무시하는 연습을 하라. 누군가에게 불필요한 암시를 하면서 그것이 어떻게 되는지 관심을 쏟는 대신 입을 다무는 법을 연습하라. 대신 그들이 원하는 방식대로 뭐든 할 수 있도록 지지하라.

> 잠재적인 문제들을 예측하고 과거에 저지른 실수들을 살펴보는 대신, 지금 이 순간에 집중하라.

현재에 집중하면서 살아가면 대부분의 문제가 해결된다는 것을 두 눈으로 직접 목격하라. 머릿속에서 과거에 저지른 실수들을 복기하지 않아도 내면의 지혜와 건강한 정신 작용이 과거에 일어난 일에서 저절로 배운다는 사실을 일깨워라. 마음속에 생긴 걱정을 '그냥 생각'이라고 묵살할 때 무슨 일이 일어나는지 지켜보라. **평소에 하는 걱정 가운데 실제로 중요한 문제가 되어 현실에 나타나는 경우가 얼마나 드문지 주목하라.** 그런 걱정들이 진짜 문제가 돼도, 현재에 머물러 집중할 때, 머릿속이 수많은 생각으로 흐려지지 않았을 때 당신이 얼마나 우아하게 그 문제를 해결하는지 지켜보라.

문제 해결사의 사고 과정은 설명하기 쉽다. 뭔가 혹은 누군가를 보면 생각이 거품처럼 차오르기 시작한다. 생각의 구체적인 내용은 중요하지 않다. 그들을 해치는 것은 그들이 하는 생각의 본질, 즉 어떤 사람이나 장소나 뭔가를 개선시키려고 하는 것이다. 행복한 사람은 그런 생각들을 떨쳐버리지만, 문제 해결사는 거기에 생각을 집중하고, 그것이 진짜 문제라고 믿는다. 그들은 자신의 생각이 아주 중요하다고 믿기 때문에 그걸 누군가에게 지적하거나 계속 생각한다.

> 이때 생각은 다른 생각에 먹이를 주면서 살아 있는 생물처럼 혼자서 움직이기 시작한다.

행복한 사람도 머릿속에 같은 생각이 떠오를 수 있지만, 거기에 반응하는 방식은 꽤 다르다. 행복한 사람은 그런 생각을 하고 있다는 사실을 인정하고, 그걸 떨쳐버린 다음, 일상으로 다시 돌아간다. 여기서 지혜가 어떤 생각은 할 만한 가치가 있고, 어떤 문제가 중요한지 말해준다면, 그에 따라 조치를 취할 것이다. 그들은 상황을 터무니없이 부풀려 생각하도록 놔두지 않을 것이다. 행복한 사람은 지혜가 필요한 답을 알려주리라 확신하고 최선을 다해 자신의 건강한 정신 작용을 이용할 것이다. 그리고 행복의 황금률을 기억할 것이다. 즉 당신이 뭔가를 개선하려고 바쁘면 그에 대한 고마움을 느낄 수 없다는 황금률 말이다.

과거 곱씹기

불행에서 벗어나려면 현재로 돌아와야 한다. 자신의 과거가 더 이상 여기 없다는 사실을, 다 끝났다는 사실을 알아차려야한다. 과거는 당신의 생각 속에만 존재할 뿐이다. 과거는 그때는 실제로 존재했지만, 지금은 그저 당신이 하는 상상의 일부일 뿐이다.

오랫동안 우리는 과거가 현재를 대변하며, 미래를 예측한다고 배웠다. 심리적으로 건강하고 현명한 판단을 내리는 사람은 미래의 계획을 세울 때 과거를 주의 깊게 살피는 것도 사실이다. 하지만 이런 경향이 가끔은 유익할지 몰라도 때로는 타인과의 관계를 크게 망가뜨릴 수 있다. 또 건강한 정신 작용에서 멀어지게 만들기도 한다.

많은 언쟁과 고통스런 대치, 힘든 상황들을 해결하기 어려운 이유는 사람들이 과거만 생각하느라 바쁘기 때문이다. 모두 과거에 대한 생각이란 필터로 현재의 순간을 거르고 있다.

누구나 과거는 끝났다는 사실 자체는 안다. 하지만 이 이해를 깊이 체화시켜 과거가 발목 잡지 못하게 만드는 사람은 거의 없다. 많은 사람이 과거에 대한 생각이 현재를 오염시키게 내버려두고, 건강한 정신 작용이라는 현재의 경험을 방해하게 놔둔다. 과거는 그저 기억일 뿐이라는 점을 지각한다면, 삶을 즐기는 데 방해가 되는 과거를 무시할 수 있다. **우리는 과거에서 아주 많은 걸 배울 수 있지만, 그것 때문에 괴로워할 필요는 없다.** 생각의 작동 방식을 제대로 이해하면 행복이 존재하는 현재에 머무를 수 있다.

07

생각 체계

우리가 삶을 이해하는 방식은 생각을 이른바 '생각 체계'로 조직하는 것이다. 생각 체계란 우리의 마음속에 독립적으로 존재하는 생각의 단위이며 우리는 이를 통해 세상을 해석한다. 그것은 마치 우리가 절대 벗지 않는 선글라스와 같다. 우리는 그 선글라스를 거쳐서 세상을 바라보고 자신에게 중요한 것을 인식한다. 예를 들어 당신이 돈을 대단히 중요하게 여겨서 모든 대화가 돈을 중심으로 돌아가는 가정에서 성장했다고 가정해보자. 당신은 그 정보를 당신의 생각 체계에 저장해놓고, 돈에 엄청나게 집중하는 성향을 갖게 될 것이다. 친구가 같이 쇼핑하러 가자고 하면, 당신은 이런 생각을 할지도 모른다. '내가 돈을 얼마나 쓰게 될까?' '돈을 얼마나 가져가야 할까?' 돈을 기준으로 삶을 바라보는 것이 당신에겐 '정상'일 것이다. 당신의 생각 체계는 돈과 관련된 정보로 가득 차 있기 때문에, 당신은 삶을 그런 방식으로 보는 데 결코 의문을 품지 않는다.

이때 당신의 생각 체계에 잘못된 점은 없다. 생각 체계가 발전한 그 방식은 당신에게 아무 해도 끼치지 않는다. 당신은 그저 '진실'로 대변되는 일련의 사실들을 부모에게서 물려받았고, 당신이 아주 예외적인 인간이 아니라면, 그 정보를 받아들여서 그대로 자신의 것으로 체화시켰을 것이다. 부모와 중요한 역할 모델들이 준 정보를 당신은 진실로 받아들였다. 시간이 흐르면서 당신은 이른바 진실이라고 하는 것을 기억 속에 저장시켜서 더는 다른 방식으로 인생을 볼 수 없게 되며, 당신에게 적절해 보이는 정보에는 조건반사적인 반응을 보이며 자라난다. 누군가 당신이 하는 어떤 일에 대해 조언할 때 위협을 느끼거나 방어적으로 반응하는 것도 그런 예가 될 수 있다. 그들의 말에 특별히 다른 의미가 있진 않다. 그저 당신의 생각 체계가 그 말들을 당신의 방식대로 해석하고 특별한 의미를 부여하는 것이다. 시간이 흐르면 당신은(다른 사람들도) 자신에게 일어난 일과 자연스럽게 생겨난 자신의 반응 사이에 인과 관계를 만들어낸다. 그래서 '난 정말 아무

것도 아닌 일에 방어적으로 되는군'이라고 스스로에게 말하는 대신, 방어적으로 반응하면서도 그 점에 대해 아무 생각도 하지 못하게 된다. 인간은 모두 스스로 정상이라고 생각하며 자신이 만들어낸 인과 관계를 마음에 품고 있다. 뭔가에 속상하면 우리는, 다른 사람도 그런 일로 속상해할 거라고 생각한다. 그런 속상한 마음은 당신의 생각에서 나오는 것이지, 당신이 지금 생각하는 '그 일' 자체에서 나오는 게 아니다. 당신의 조건반사적인 반응은 그저 조건반사적인 반응이며, 그동안 당신이 학습한 것이자 당신의 생각에서 만들어낸 것이란 사실을 깨달으려면 아주 큰 지혜가 필요하다.

한편, 생각 체계는 스스로의 가치를 입증하기 위해 아주 강력하고 교활하기까지 하다. 생각 체계는 당신의 과거에서 나온 정보로 가득 차 있고, 자기가 '옳다는' 점을 입증하기 위한 예를 찾는다.

예를 들어 당신이 부정적인 생각을 쉽게 받아들이는 가정에서 자랐다고 가정해보자. 당신의 부모님은 항상 사람들의 단점, 나쁜 습관, 이기적인 성향 같은 것들을 지적한다. 만약 이 믿음이 당신의 생각 체계에 있다면, 당신은 줄을 선 사람들이 서로 밀고 당기고, 서로의 물건을 훔치고, 자기 것을 내어주길 꺼리는 모습만 보는 성향이 있을 것이다. 반대로 당신이 사람은 서로에게 친절하다고 가르친 가정에서 자랐다면, 이 믿음이 당신의 생각 체계에 깊이 뿌리내리고 있어 삶에 대해 완전히 다른 관점을 갖게 될 것이다. 당신은 사람들의 선한 면과 그들이 서로에게 하는 친절한 행동들, 고통스런 사건이 일어난 후 사람들이 함께 뭉치는 모습에 주목하는 성향이 있을 것이다.

각자가 가진 생각 체계의 결과로 세상을 보는 모습을 묘사할 때 내가 **성향**이란 단어를 사용한 점에 주목하라. 사람들의 나쁜 면을 보도록 배웠다고 해서 당신이 결코 인간의 선한 면을 보지 않거나, 혹은 그 반대로 배웠다고 사람의 나쁜 면을 결코 보지 않는다는 뜻이 아니다. 그저 당신이 그동안 배운 것에 쉽게 **주목**하는 성향이 있을 거라는 뜻이다.

그 상황을 객관적으로 바라보면, 생각 체계의 발전이 무해하다는 사실을 알게 될 것이다. 현재 당신이 가지고 있는 생각 체계가 구성된 과정을 되짚어서 증조부와 증조모 세대 혹은 그 전까지 거슬러 올라갈 수 있을 것이다. 시간이 흐르고, 배운 바를 토대로 다년간 입증하고 다시 선택적으로 인식하는 과정을 통해 당신은 삶에 대해 일련의 결론을 내린 셈이다. 이렇게 내린 결론을 다 합한 총체가 바로 삶에 대한 당신의 태도이다.

삶에 대한 당신의 태도는 당신이 진실로 믿은 일련의 생각으로 요약될 수 있다. 그 태도를 고수하는 것은 당신의 생각밖에 없다. 당신의 태도는 유전자에 새겨진 것이 아니다. 만약 그랬다면, 당신의 태도는 대개 머리 색깔이나 눈 색깔이 그렇듯 당신의 가족과 비슷했을 것이다. 태도는 당신의 환경에서 기인하지 않았다. 그랬다면, 긍정적인 상황에서는 긍정적인 태도가 나올 것이고, 부정적인 상황에서는 부정적인 태도가 나왔을 것이다. 하지만 아주 안락해 보이는 환경에서 자란 사람이 마치 피해자처럼 행동하는 사례도 많고, 가진 것이 하나도 없어 보이는데도 인생 선물 자체에 기뻐하는 것처럼 보이는 사람들도 많다.

스스로 맞는다고 입증하려는 생각 체계의 본성 때문에 당신은 항상 익숙해진 방식으로 생각하려는 유혹을 받는다. 그러나 그런 성향이 있다고 해서 꼭 그 덫에 빠질 필요는 없다. 살찌기 쉬운 성향이 있는데 날씬한 사람도 많고, 특정 질환에 걸리기 쉬운 성향이 있는데도 그 병에 걸리지 않는 사람들도 있다. 불행해지기 쉬운 성향이 있는 수많은 사람들이 행복하고 생산적으로 살아가기도 한다. 당신의 생각은 절대적인 진실에 토대를 둔 게 아니라 당신의 생각 체계(즉, 삶에 대한 당신의 개인적인 견해)에 의해 오염된 것이다.

행복한 사람은 그가 보는 삶의 방식이 고정불변이 아니란 점을 인정한다.

삶을 보는 방식이 중요하지 않다는 말이 아니라, 행복한 사람은 스스로 삶을 보는 태도를 만들어낸다는 사실을 이해한다는 뜻이다. **삶을 보는 태도는 전적으로 선택적 인식과 후천적인 경험을 토대로 한 것이다. 반면 불행한 사람은 훨씬 더 고집이 세다.** 그들은 자신의 생각이 중요하다고 확신하고 이를 입증하겠다고 굳게 결심한다. 그들은 (자신의 행복을 대가로 치를지라도) 삶이 정말 불행하다는 자신의 입장을 증명하려고 끝없이 예시를 제시할 것이다.

생각 체계는 당신에게 너무나 익숙하기 때문에, 그것은 항상 인생이 돌아가는 진짜 방식에 대한 정확한 정보를 주는 것처럼 보인다. 생각 체계가 '인생은 아주 안 좋아'라거나 자멸적인 메시지를 말할 때, 그것은 진실을 말하는 것처럼 보인다. 아주 지혜로운 사람만이 그런 자신의 생각을 불신할 수 있다. 좋은 소식은 우리가 자신의 생각 체계에 관심을 끊고, 자신에게 불리한 생각을 하지 않을 때, 우리에게는 건강한 정신 작용이 남게 된다는 사실이다. 건강한 정신 작용은 가장 자연스러운 마음 상태이기 때문에, 우리는 건강한 정신 작용을 방해하는 정신적 과정만 피하면 된다.

당신이 바닷속 아주 깊은 곳에서 거대한 코르크 하나를 갖고 있다가 놓아버렸다고 상상해보라. 무슨 일이 일어나겠는가? 코르크는 중간에 뭐에 걸리지만 않는다면 마치 총을 쏜 것처럼 곧바로 위로 튕겨 올라가서 자연스럽게 수면 위로 떠오를 것이다. 하지만 해초나 산호나 바위가 그걸 수면 위로 떠오르지 못하게 붙잡을지 모른다.

건강한 정신 작용은 바로 그 코르크와 같다. 다만 그것은 당신의 존재 한가운데 자리 잡고 있다. 당신의 건강한 정신 작용은 좀 더 높은 자존감과 행복한 삶이라는 형태의 표면으로 튀어 오르고 싶은 것 외에 바라는 게 없다. 뭔가의 방해를 받지 않는다면 바로 그렇게 할 것이다. 방해할 수 있는 유일한 요소는 당신의 부정적인 생각뿐이다. 당신이 자신에 대한 부정적인 생각을 무시하면 당신의 건강한 정신 작용은 그 임무를 완수할 것이다.

자신에 대해 생각을 덜 할수록 행복하다

자아란 개념은 생각 체계와 아주 밀접한 관련이 있다. 둘 다 생각이 만들어낸 것이다. 사실을 말하자면 인간에겐 자아가 없다. 그런 건 존재하지 않는다. 사람들에게 자아가 있는 이유는 그들이 그렇다고 생각하기 때문이다. 자아는 자신이 누구인지에 대한 관념이나 생각이다.

> 진정한 자신으로 살기 위해 자아가 필요하다는 일반적인 관념은
> 진실이 아니다. 스스로의 존재 가치를 증명해야 한다는 욕구를
> 줄일 때만 우리는 자신의 가치를 진정으로 알아볼 수 있다.

자신이 누구인지에 대한 생각과 집착을 놔버리면, 자신에 대한 불안도 걷히기 시작한다. 그때 우리는 생각 체계 혹은 자아 밖으로 나와 살기 시작하며, 자신의 건강한 정신 작용과 연결된다.

불안한 생각 패턴을 버리면, 우리는 타고난 자존감과 있는 그대로의 자신에 대한 고마운 마음을 경험하기 시작한다. 자아(우리가 생각하는 우리의 모습)를 유지해야 한다는 압력이 없어지면, 우리는 좀 더 긴장을 풀고 현재를 즐길 수 있다. 전에는 못 보고 지나치던 삶의 사소한 것에 감동받게 된다.

> 자신에 대한 생각을 덜 할 때 우리는 더 행복을 느낀다.

삶에서 자아를 내려놓으면 수동적이거나 무신경한 사람이 될까 봐 걱정하지 말라. 그럴 일은 없다. 사실, 오히려 그 반대다. 제한적인 믿음 체계의 속박에서 풀려나면, 당신은 인생에 대해 그리고 인생이 우리에게 주는 것에 대해 훨씬 더 관심을 가지게 된다. **자아를 버리면 전에는 보이지 않았던 새로운 대안들을**

볼 수 있게 된다. 예를 들어 자신이 낯을 가리는 사람이란 생각을 버리면, 사실은 사람들과 소통하고 싶다는 사실을 발견하게 될지 모른다. 나의 내담자 가운데 한 명은 바로 그렇게 하기로 결심하고, 처음으로 파티를 여는 계획을 세웠다. 당신이 뭘 좋아하고 뭘 싫어하는지에 대해 평소 가지고 있던 생각을 조금이라도 무시해보면, 당신은 기꺼이 새로운 것들을 시도하고, 새로운 취미를 만들고, 운동을 시작하고, 새로운 레스토랑에서 식사를 하게 될 것이다. **자아를 버리면 나의 가능성이 확대된다.**

> 모든 것은 스스로 규정한 자신을 넘어서서 자신을 새롭게 보려는 의지에서 시작된다.

우울 진단이
당신을 설명하지는 않는다

프레드는 45세의 남자로, 부인이 암으로 세상을 떠났다. 프레드가 상담을 받기 시작한 이유는 너무 오랫동안 부인의 죽음을 깊이 슬퍼했고, 이제는 다시 행복해지고 싶었기 때문이다. 상담치료사는 곧장 그에게 '만성 우울증'이라는 진단을 내렸다. 유감스럽게도 프레드는 이 진단을 전적으로 받아들였다. 그에게 '만성'이란 말은 '영원히'라는 뜻이었다. 그는 스스로 우울하다고 생각하고 우울을 경험하는 사람들의 그룹에 들어갔다. 프레드의 그다음 한 해는 아주 고통스러웠다. 그의 자아상은 자신이 우울한 사람이라는 생각을 토대로 만들어졌다. 그는 이 진단을 뒷받침할 증거들을 찾으려 했고, 과거에 우울했던 경험들을 기억해냈다. 그는 사회에서 격리된 채 우울증이 더 심해질까 두려워 집에 틀어박혔다.

그러다 프레드가 내게 상담을 받으러 왔다. 그는 한 번도 자신의 생각이 자신에 대한 견해와 삶에 대한 태도에서 나왔다는 말을 들어본 적이 없었다. 전에 만났던 의사는 그가 우울증 환자라고 말했고, 남은 인생 내내 그 병과 싸워야 한다고 말했다. 그는 의사의 진단을 믿었다. 그가 우울증에 대해 생각하면 할수록, 그는 더 우울해졌고 상담치료사가 처음에 내린 진단이 옳았다는 확신이 들었다.

나와 함께한 상담에서 프레드는 자신의 생각이 자신의 인식에 의해 만들어졌고 그 결과 우울한 기분이 따라왔다는 점을 알게 되었다. 그는 그동안 불가능한 전쟁을 치르고 있었다고 결론 내렸다. "내가 스스로를 만성 우울증 환자라고 생각하는데 어떻게 기분이 더 나아질 수 있겠어요?" 그가 말했다. 그는 그동안 자신의 생각이라는 좁은 세계에 갇혀 있었다는 점을 알아차렸다. 게다가 그 생각을 이용해서 우울증에서 벗어나려고 했다. 그건 성냥을 써서 불을 끄려고 하는 것과 같은 이치다.

이런 단순한 사실을 깨닫자 프레드는 자신의 생각 체계에 대해 일련의 통찰력을 얻게 됐다. 그는 평생 자신에게 불리한 생각을 해왔으며 그런 불리한 믿음에 의문을 품은 적이 거의 없다는 사실을 알아차렸다. 자신이 무의식중에 하는 생각에 잠식된 채 살아왔다는 걸 깨달았다. 현재 프레드는 행복하고 생산적인 사람으로 정상적인 생활을 영위하고 있다.

08

선택의 지점들

인생은 일련의 계속되는 '선택의 지점들'로 가득 차 있다. 우리의 선택들은 삶의 방향을 결정하고, 그 결정의 총합은 우리의 감정을 결정한다.

선택의 지점이란 당신이 '건강한 정신의 길'과 '끝없는 생각의 길' 중 하나를 고르는 순간이다. 다음 표는 그 두 가지 길을 묘사한 것이다.

어떤 생각이 머릿속에 들어오거나, 인생에서 뭔가 일어날 때, 그것은 당신을 찾아온 새로운 기회다. 이때 우리는 건강한 정신의 길을 택할지, 아니면 고통의 길을 택할 것인지를 선택할 수

스톰 씽킹

건강한 정신의 길	끝없는 생각의 길
'진실을' 보고 앞으로 나아간다	'진상을' 알아내려고 노력한다
사랑과 용서를 택한다	분노를 택한다
문제를 곱씹지 않는다	문제를 곱씹는다
행복을 택한다	옳은 것이 먼저다
놓아준다	집착한다
가볍게 다면적으로 생각한다	복잡하게 생각한다
분석은 거의 안 한다	철저하게 분석한다
괜찮다	괜찮지 않다
싸울 필요는 없다	싸워야 한다
의견이 달라도 괜찮다	내가 옳은 걸 입증해야 한다
단호한 의견을 가져야 할 필요는 없다	내 의견을 확실히 표현해야 한다

있다. 정신 건강과 행복을 포기하고 단지 그 길이 익숙하다는 이유만으로 끝까지 생각에 집착하는 고통의 길을 갈만한 가치가 있을까? 불행과 우울에 다다르지 않으려면 반드시 대답해야 할 중요한 질문이다.

당신이 아버지에게 심한 말을 들었다고 생각해보자. 이때가 바로 선택의 지점이다. 이번 달에만 벌써 세 번째 싱크대가 새기 시작했다. 이것도 또 다른 선택의 지점이다. 배우자는 당신이 집

안 살림을 다루는 방식을 비판한다. 이 또한 선택의 지점이다. 이러한 수많은 예에서 당신은 결정의 순간을 맞게 된다.

만약 아버지가 당신이 원하지 않는 말을 했다면, 당신은 심사숙고의 길을 선택할 수 있다. 당신은 마음속으로 이렇게 생각할 수 있다. '왜 아버지가 그런 말씀을 하셨지?'(진상을 규명하려 한다) '아버지가 그러실 때면 정말 격노가 치밀어.'(분노를 선택한다) 그다음에 당신은 아버지가 한 말을 곱씹으면서 그렇게 말한 이유를 생각해보고, 혹은 '배짱이 있다면' 아버지에게 퍼붓고 싶은 말을 모두 생각해본다.

이 길로 가는 것이 옳은가? 이게 정말 당신이 원하는 것인가? 이때 당신은 이 길로 가면 어떤 결과가 나올지 정확히 자각해야 한다. 어떤 길을 갈지 여부가 당신의 기분을 결정할 것이다. 많은 사람들이 심사숙고의 길을 고집하는 이유는 그것 말고 다른 길을 모르기 때문이다. 그들이 그 길을 갈 때는 기분이 나빠지고, 기분이 나쁘기 때문에 세상이 자기를 불행하게 만드는 것처럼 보인다. 그래서 그 문제를 더 생각한다. 문제를 끝까지 철저하게 생각해보면, 기분이 더 나아지리라 상상해 악순환이 계속되는 것이다. 하지만 이 길에서 기분이 나아지는 과정은 포함되어 있지 않다. 이 길에서 당신은 삶에서 마음이 안 드는 부분이나 문제에만 관심과 에너지를 전부 집중한다. 이는 당신의 삶에서 만족을 찾아낼 수 있는 근원이 아니다.

언제나 이 길이 적절하지 않은 것은 아니다. 사안에 따라 정말 철저하게 생각하고, 분석하고, 비교하고, '진상을 규명하는' 과정이 필요할 때도 있다. 가끔은 분노하면서 감정을 표현하는 것이 적절할 때도 있다. 하지만 당신이 찾는 것이 행복이라면 그 길은 당신에게 맞지 않는 경우가 많다.

건강한 정신의 길은 생각의 길을 택하지 않는 것이다. 건강한 정신의 길로 가면 우울증에 맞설 보호 장치를 얻게 된다. 반대 길로 가면 정확히 무슨 일이 일어날지도 안다. 정신 건강의 길을 선택하는 것은 당신의 마음속에 들어오는 모든 부정적인 생각에 반응하는 대신 삶에 행복한 느낌이 스며들게 하겠다는 것이다.

아버지가 당신이 원하지 않는 말을 한 경우로 돌아가보자. 당신이 건강한 정신의 길을 택한다면, 이런 과정을 거치게 될 것이다. 당신의 머릿속이 부정적인 생각들과 아버지가 그렇게 말한 동기에 대한 의문들로 가득 차기 시작하는 순간, 당신은 곧바로 자신이 지금 **생각하고** 있다는 사실을 알아차릴 것이다! 그 자각만으로도 지금 스스로에게 불리한 생각을 하고 있으며 위험에 처했음을 안다. 당신은 자신의 생각을 관찰하면서, 머릿속이 부정적인 생각으로 가득 차게 두지 않을 것이다. 부정적인 생각이 머릿속에 들어오면, 당신은 그걸 무시할 것이다. 부정적인 생각에 집중해봤자 마음만 상하고, 정신 건강만 나빠진다는 걸 당신은 안다. 머릿속에 들어온 부정적인 생각을 떨쳐버릴 때마다 그 자리에 더 좋은 느낌이 찾아올 것이다. 기분이 나아지면 다시 평소의 통찰력을 찾게 되고, 뭘 해야 할지 알게 될 것이다. 침착하고 애정 어린 태도로 아버지와 그 문제를 논의하거나 아버지의 말을 그냥 무시하고 그건 중요하지 않다는 식으로 행동할 수 있다. 이 과정 전체는 몇 초 만에 끝날 수도 있다.

모든 것은 당신에게 선택권이 있다는 점을 인지하는 데서 비롯된다. 이렇게 의식적으로 선택하는 연습을 할 때마다 당신은 건강한 정신을 선택하게 될 것이고, 기분이 좋아지면서 그 선택을 할 만한 가치가 있다고 판단하게 될 것이다.

감정을 선택하는 것은 나다

우리에게 감정이 있는 이유는 그걸 연구하고 해결하기 위해서가 아니라 우리에게 감정을 선택할 지점이 있다는 사실을 알려주기 위함이다. 우리는 이 선택의 지점을 자신을 더 알고, 사랑하고, 더 행복해지기 위한 기회로 쓸 수 있다. 그걸 이용해서 자신의 정신 건강에 대한 믿음을 굳힐 수도 있고, 아니면 선택의 지점에 있다는 사실을 무시하고 마치 감정이 우리의 적이자 두려워할 대상인 것처럼 반응할 수도 있다.

부정적인 감정은 당신이 잘못된 길에 들어섰다는 귀띔이자 내면의 경고 신호다. 부정적인 감정을 느낀다면 그것은 에너지와 관심을 당신의 정신 건강에 다시 쏟아야 한다는 신호다. 바로 이 지점에서 당신에게 건강한 정신이 있음을 이해하는 것이 대단히 중요해진다. 자신의 마음속에 결코 우울해지지 않고, 불행하지 않으며, 언제나 이해심 있고, 자신을 향한 연민으로 가득 찬 부분이 있다는 사실을 안다면, 에너지와 관심은 그쪽에 쏠리게 된다. 이걸 모르면, 행복을 찾기란 더러운 물에 옷을 빠는 것과 같다.

> 불행 한가운데서 행복을 찾을 수는 없다. 생각하는 마음 너머에서 행복을 찾아야 한다.

우리에게 선택의 지점들이 있다는 사실을 이해해야만, 분노 같은 부정적인 감정을 느끼더라도 우리 안에 사랑과 평화에 반응하길 더 바라는 마음이 존재한다는 사실을 알 수 있다. 그래야만 당신은 부정성의 한가운데서도 더 나은 감정을 찾기 시작할 것이다. 우울증을 겪더라도 우리의 내면에 정신 건강이 실제로 존재한다는 점을 확신할수록, 우리는 인내심을 가지고 끈기 있게 그걸 찾을 것이다. 숲속의 나무가 햇빛을 향해 뻗어가는 것처럼, 내면의 평화를 추구할 것이다. 그리고 평화로운 부분을 찾아낼 때, 그것이 아무리 작더라도, 온 관심을 집중해서 성장하고 발전하는 데 필요한 에너지를 줄 것이다.

이렇게 선택의 지점들을 거쳐오면서 당신은 더 강해지고 자신의 정신 건강에 더 전념하게 될 것이다. 매 순간 당신이 부정성이 아닌 행복을 선택할 때 우울증을 극복하는 데 조금 더 가까워지게 된다. 물론 습관은 바꾸기 힘들기에 선택하기 쉬운 길은 아니다. 하지만 당신이 가진 대안을 살펴보라. 이 또한 쉽지 않다. 선택의 지점에서 사랑을 선택하는 대신 부정성을 선택해서 계속 자신에게 불리한 생각을 하면 계속 고통으로 가득 찬 인생을 살게 테니까.

삶의 매 순간은 선택의 지점이자 갈림길이다. 기분이 좋을 때도, 당신은 선택의 지점에 서 있다. 당신은 힘든 선택을 해서 부정성에 관심을 집중할 수도 있다. 의도적으로 그러진 않겠지만 당신의 인생에서 선택의 지점들이 계속 이어지기 때문에 그렇게 할지도 모른다.

스톱 씽킹

인생에서 선택의 지점들을 어떻게 이용할 것인지에 대한 좋은 예로 스트레스 관리를 위해 나를 찾아온 내담자가 자신의 직장에 대해 들려준 이야기가 있다. 그는 큰 회사에서 수십 명의 직원들을 감독하고 있었다. 그는 스트레스를 감당할 수 없어서 괴로워했다. 분노가 치밀고 불만스러워하다 결국엔 직원들과 소원해졌다. 이런 일이 너무 자주 일어나서 직원들은 그를 보기만 해도 겁을 먹었다. 직원들은 그에게 거리감을 느끼고 화가 났다. 생산성은 떨어지고, 직원들 모두 불만스러워했다.

내담자가 자신의 생각이 불만의 근원인 걸 알았을 때, 그제서야 자신이 선택할 수 있는 지점들이 보이기 시작했다. 분노에 찬 생각의 흐름을 따라가거나 아니면 지금 무슨 일이 일어나고 있는지 인식하고 그것이 지나가길 기다려야 한다는 사실을 알게 됐다. 그는 이렇게 표현했다.

저는 분노에 찬 생각들이 얼마나 자주 제 머릿속을 채우는지 보기 시작했어요. 그래서 그런 생각에 반응하는 대신, 그냥 심호흡을 하고 머리를 비우기 위해 할 수 있는 최선을 다했어요. 머릿속에 떠오른 그 생각에 관심을 쏟지 않으면 그 생각들은 흩어질 거라는 걸 알고 있었어요. 부정적인 생각들이 그렇게 사라지면 통찰력을 되찾고 편안함을 느끼고 모든 것이 다시 괜찮아졌죠. 솔직히 말해서 지금까지도 어떤 생각은 다시 떠올라요. 하지만 이제는 그게 제 생각에 불과하다는 걸 알아요. **난 이제 그 생각들과 다른 관계를 맺고 있어요.** 그 생각들이 내 머릿속에 들어왔다고 해서 일일이 반응할 필요가 없는 거죠.

내담자는 파괴적인 생각이 머릿속에 들어와 가득 채우기 시작했을 때 자신이 어떻게 느끼는지 알아냈다. 그는 이 감정을 좀 더 빨리 알아차리는 법을 익혀서 그런 생각 덩어리가 커지지 않도록 했다. 선택의 지점은 부정적인 생각이 느껴지기 시작한 바로 그 순간이란 걸 알았다. 이때 다른 사람들처럼 그 생각에 사로잡혀 좀 더 크게 화를 내면서 균형감을 잃을 수도 있고, 심호흡을 하면서 생각을 떨쳐버리고 좀 더 평화로운 감정이 돌아오길 기다릴 수도 있다. 말할 필요도 없지만 직원들은 그에게 일어난 큰 변화를 알아차렸다. 그들은 더 이상 그를 두려워하지 않았다. 생산성은 그 어느 때보다 더 높아졌다. 또한 내담자는 자신의 일을 즐기고 같이 일하는 사람들과 다시 즐겁게 지냈다. 그는 같은 원칙이 일뿐 아니라 인생에도 적용된다는 사실을 알게 됐다. 배우자,

아이들, 친구들과의 관계에서도 그런 선택의 지점들을 이용하는 법을 배웠다.

무엇보다 내담자가 자신의 문제를 감추지 않았다는 점이 중요하다. 그는 감추지 않고 생산적인 방식으로 문제를 처리하는 법을 배웠다. 자신의 생각에 사로잡혀 꼼짝할 수 없다면 더 나은 결정을 내리고 효과적으로 문제를 해결할 수 없다. 당신도 한번 시도해보라. 당신이 자신의 생각에 반응하는 걸 느낀 순간 그 생각들을 떨쳐버려라. 머리를 비우고 건강한 정신을 찾으라. 걱정하지 마라. 그 문제는 여전히 그 자리에 남아 있겠지만, 이성과 균형감을 가지고 있을 때 문제를 해결하기가 훨씬 더 쉽다는 걸 알게 될 것이다. 비상사태처럼 느껴지던 많은 문제들이 이제는 사소한 것처럼 보일 것이다.

생각 습관

술을 끊으려고 하건 혹은 금연하려고 하건 혹은 커피나 설탕을 끊으려고 하건 아니면 그저 손톱을 물어뜯는 걸 그만두려고 하건 모든 습관은 바꾸기 힘들다! 하지만 가장 바꾸기 힘들고, 마음에 가장 해를 끼치는 습관을 아마 당신은 알아차리지 못하고 지나갈 것이다. 바로 부정적으로 생각하는 습관이다. 당신은 손톱을 물어 뜯는 걸 방지하기 위해 두 손을 등 뒤로 묶을 수 있고, 술이나 담 배를 하지 못하도록 물리적으로 차단할 수 있고, 며칠 동안 커피 를 못 마셔서 생기는 두통과 피로를 참을 수 있겠지만 생각은 결 코 멈출 수 없다!

스톱 씽킹

생각은 너무 자연스럽게 떠올라서 생각을 하고 있다는 사실조차 잊기 쉽다. 하지만 생각하고 있다는 사실을 스스로 알아차리기 시작하면, 얼마나 자주 부정적인 생각을 하는지 깨닫고 충격을 받을 것이다. 나는 내담자들에게 일단 자신이 하는 생각에 관심을 기울이기 시작하자, 그 생각의 90퍼센트가 부정적이었다는 걸 알았다는 이야기를 들었다.

부정적인 생각은 어떤 것일까?

이건 아주 중요한 질문이다. 많은 사람들이 부정적으로 생각하는 데 너무 익숙해져서 그것이 부정적이라는 사실조차 깨닫지 못하고 있다. 대신 그들은 그걸 정상으로 여긴다. 간단히 말해 어떤 생각이건 그 생각이 떠오르기 전보다 기분이 안 좋아진다면 부정적인 생각이다. 여기에는 지금 상황이 얼마나 안 좋은지에 대한 생각, 해결하지 못하고 남아 있는 문제들에 대한 생각, 왜 어떤 것이 옳지 않은지 밝히려는 생각, 누군가가 왜 당신을 괴롭히는 말이나 행동을 했는가에 대한 생각, 혹은 부정적인 내면의 대화처럼 끝도 없이 곱씹는 생각들이 포함된다. 물론 이게 부정적인 생각의 전부는 아니다.

우리는 매일 보도되는 뉴스에 익숙하다. 우리의 생각은 그 뉴스들을 모방하는 경향이 있다. 우리의 마음은 과거와 미래의 문제들, 걱정들을 검토하고 상황이 얼마나 나쁜지를 추측한다. 인생을 효율적으로 살기 위해 어느 정도 계획과 검토는 필요하다. 만약 당신이 이런 정신 활동에 사로잡혀 있다는 사실을 의식하게 되면 그런 활동의 잠재적인 결과를 알고, 대체로 그 부정적인 영향에서 보호받을 수 있다. 하지만 자신이 스스로에게 무슨 짓을 하고 있는지 의식하지 못한 채 거기에 빠져 있다면 당신은 자신의 생각에 한없이 휘둘리게 된다. 이런 생각은 부정적이므로 당신의 기분은 한없이 가라앉거나 그 상태로 유지된다. 이 점을 이해하고 이런 역학이 작동한다는 걸 알 수 있다면, 어떤 생각을 따르고 어떤 생각을 무시해야 할지 선택할 수 있다. 당신은 진정으로 유익한 생각만 하는 새로운 습관이 생기고, 다른 생각은 무시하는 법을 배우게 될 것이다.

선택적인 생각법은 생각 자체를 부인하는 것도 아니고 무관심한 것도 아니다.

부인과는 다르다. 당신은 세상의 문제들과 당신의 인생에 있는 문제들을 인정한다. 그저 당신은 그렇게 했다간 무슨 일이 일어날지 알고 있으니까 인생에서 일어나는 문제들을 곱씹지 않는 편을 선택한 것이다.

우리의 인생 경험은 우리가 관심을 어디에 집중하기로 선택하느냐에 달려 있다. 관심을 문제에 집중하면, 당신의 인생 경험은 수많은 문제로 이뤄질 것이다. 관심을 다른 곳으로 이동하면 삶의 더 많은 아름다움과 친절을 발견하게 될 것이다. 이것이 바로 어린 아이들이 규칙적으로 하는 일이다.

> 아이들은 어른들과 같은 세상에서 살지만, 삶의 다른 측면에 주목한다. 아이들은 인생에서 유머와 연민과 기회를 본다.

우리는 생각을 선택할 수 있다

8장에서 설명한 것처럼 매번 부정적인 생각, 비관적이거나 회의적인 생각이 머릿속에 들어올 때, 우리는 인생에서 새로운 선택을 해야 할 지점에 서 있다. 많은 사람이 과거에 그랬던 것처럼 부정적인 생각의 흐름을(부정적인 내면의 대화) 따르는 편을 택한다. 그 선택은 아주 빨리 일어나고, 그 과정 또한 너무나 익숙하기 때문에 그렇게 하는 게 타당해 보인다. 실제로는 자신의 내면에서 그런 대화가 일어나고 있다는 사실조차 알아차리지 못한다. 다음이 바로 그런 경우다.

당신의 어떤 행동 때문에 부모님이(혹은 상사, 아이들, 배우자가) 얼마나 화가 날지에 대한 일련의 생각이 당신의 머릿속에 들어왔다. 당신은 그 상황을 머릿속에서 돌려보고 그것 때문에 화가 난다. 마음속에서 당신은 자신의 입장을 부모님에게(혹은 누구에게든) 해명하기 시작하고, 다시 그 장면을 머릿속에서 돌려보면서 결론을 내린다. 물론 이 과정에서 당신의 생각이 자신에게 해를 끼치고 있다는 사실도 모른 채 부정적인 영향을 받는다. 스스로 자초한 고통에 대한 일반적인 대응은 당신이 느낀 불만을 모두 당신의 인생과 주변 사람들 탓으로 돌리는 것이다.

또 다른 길이 있다. 내면의 대화가 시작된 바로 그 순간이 선택의 순간이다. 당신은 그 짧은 순간에 결정해야 한다. '이 생각의 흐름을 따라갈 것인가, 아니면 사랑의 감정 안에서 머무는 편을 택할 것인가?'

사랑을 택한다는 말은 무슨 뜻일까? 이 말은 당신이 평화와 만족을 느끼는 것이 훨씬 중요하다는 뜻이다. 좌절을 느끼는 대신 행복을 느낀다는 뜻이다. 사랑의 길을 선택한다는 건 자신의 정신 건강에서 비롯된 단순하고 평화로운 느낌만으로도 충분하다는 점을 이해한다는 뜻이다. 이 단순하고 평화로운 느낌은 당신이 인생에서 궁극적으로 원하는 모든 것이다. 인생에는 건강한 정신이 제공하는 단순하고 소박한 경험 그 이상이 필요하지 않다. 당신이 부정적인 생각의 흐름을 선택하는 유일한 이유는 그렇게 하면 만족스러울 거라고 오해하기 때문이다. 하지만 당신이 찾는 만족은 그 순간 당신이 평화를 원한다고 의식적으로 결정하고, 부정적인 생각들을 기꺼이 포기할 때만 가질 수 있다. 정신 건강을 찾기 위해 해야 할 유일한 일은 그것을 찾는 데 방해가 되는 부정적인 생각을 버리는 것이다.

사랑을 택하는 건 현실을 부인하는 것이 아니다. 당신이 부인하는 건 당신이 겪는 고통의 근원 말고는 아무것도 없다. 당신은 의식적으로 고통에 먹이를 주지 않기로 한 것이다. **부정적인 생각에 더 이상 먹이를 주지 않을 때, 당신의 감정적인 고통은 사라지고, 새로운 감정이 나타난다.** 건강한 정신에서 비롯된 감정이자 사랑의 감정이 찾아오는 것이다. 두려움 대신 사랑을 택할 때, 당신은 자기의 생각과 싸우길 멈추고 다시 기분이 좋아질 것이다. 가끔은 애써 좋은 감정을 찾기보다 나쁜 감정을 따라가는 편이 더 쉬워 보일 것이다. 그래도 그걸 찾는 편을 택해야만 내면에 있는 더 심오하고 긍정적인 감정들 속에서 살 수 있다.

이 의식적인 선택은 현실적이지만 쉽진 않다. 이런 일은 저절로 일어나지 않고 그렇게 되도록 노력해야 한다. 지극히 익숙한 생각의 흐름을 좇길 원하기보다 이 일이 일어나길 더 간절히 바라야 한다. 좋은 소식은 당신이 해야 할 일은 바로 이것 하나라는 점이다! 일단 이렇게 결정하고 그것을 인생에서 최우선 과제로 삼는다면, 나머지는 저절로 풀릴 것이다.

두려움 대신 의식적으로 사랑을 선택했을 때 생기는 긍정적인 부산물은 인생에서 반복적으로 생기는 문제가 저절로 해결된다는 점이다. 매번 당신이 두려움 대신 사랑을 선택할 기회가 생긴다면(그리고 당신이 그 선택을 한다면) 당신은 인생에 새로운 에너지, 긍정적이고 사랑에 찬 에너지를 주입하는 셈이다.

마음속에 들어온 모든 부정적인 생각을 따르는 것은 당신이 지금 대체하고 있는 '오래된' 에너지다.

부정적인 생각으로 가득 찬 당신의 오래된 에너지가 바로 그 문제가 풀리지 않도록 붙잡는 범인이다.

당신의 마음이 부정적인 성향으로 가득 찼다면 어떻게 부모, 배우자, 아이, 혹은 상사와의 말다툼을 피할 수 있겠는가? 부정적인 성향에 따르면 당신은 문제와 갈등 상황을 머릿속에서 상상해본 후에, 그걸 현실에서 실현할 것이다. 같은 일이 반복되고 당신은 좌절할 것이다. 이것이 바로 당신이 부셔야 할 악순환이다. 그걸 깨는 방법은 당신의 삶에 찾아온 선택의 순간을 직면하고 건강한 정신을 향한 길로 걸어가는 것이다.

우리는 매일 수백 번 선택의 지점에 다다른다. 지금도, 바로 이 문장을 읽는 이 순간에도 선택의 지점에 서 있다. 당신은 '이 방법은 효과가 있을 리 없어'라는 생각을 따를 것인가? 아니면 이 선택의 지점을 당신에게 유리하게 이용해서 성장하고 변화하고 더 행복해질 것인가?

회의적인 생각이 떠오르는 걸 민감하게 감지하면 그걸 떨쳐버린 후에 다시 건강한 정신으로 돌아오면 된다. 이 순간이 당신에겐 새 출발이 될 수 있다. 두려움의 길 대신 사랑의 길을 택하면 당신의 인생은 지금부터 바뀌기 시작할 것이다!

내 안의 부정적인 감정을
건져내는 법

먼저 의자에 앉아서 눈을 감고 최선을 다해 마음을 비워라. 몇 분 동안 조용히 앉아 머릿속에 떠오르는 생각에 그냥 주의를 기울여보라.

하루 중 다양한 때, 그러니까 아침에 잠이 깼을 때나, 뭔가를 먹을 때, 이를 닦을 때, 밖에 나갈 준비를 할 때, 혼자 앉아 있을 때, 차를 몰거나 버스를 타고 있을 때, 걷고 있을 때, 아니면 지금 당장과 같이 다양한 순간에서 당신이 하는 생각에 주의를 기울이는 것으로 시작하라.

자신이 얼마나 자주 부정적인 생각을 하는지 알게 되면 놀랄 것이다. 아마도 여러 문제들, 걱정들, 해야 하지만 사실은 하고 싶지 않은 일들, 일어날지도 모르는 일들, 일어나지 않을지도 모르는 일들, 일어나선 안 될 일들, 일어나지 말았으면 좋았을 일들, 당신이 했어야 할 말들, 하고 싶었던 말들, 하고 싶지 않았던 말들, 다른 사람들이 한 신경 쓰이는 말들, 다른 사람들이 한 신경 쓰이는 행동들 같은 다양한 문제에 대해 부정적인 생각을 하고 있을 것이다.

이런 식으로 생각하는 것은 습관이다. 모든 습관처럼 이 역시 하루아침에 생기지 않았다. 이런 습관은 다년간에 걸쳐 생긴 것이니 이걸 바꾸려면 시간이 좀 걸린다.

부정적으로 생각하는 것이 절대로 적절하지 않다거나, 불평하거나 하소연하는 것이 옳지 않다는 말을 하려는 게 아니다. 당신에겐 분명 그럴 권리가 있고, 조금 그렇게 한다고 해서 당신이 죽는 것도 아니다. 주목할 점은 대부분의 사람이 그 사실을 **알아**

차리지도 못한 채 부정적인 생각에 지나치게 많은 시간을 쓰고 있다는 점이다. 우리 안에서는 언제나 엄청나게 많은 대화가 일어난다. 우리는 거기에 너무나 익숙해져 있기 때문에 그 습관을 없애기가 쉽지 않다. 또한 자신의 삶을 개선하고 싶은 건 인간의 본성이다. 당신의 인생이 완벽하지 않는 한, 분석적인 마음과 자아는 항상 그걸 개선할 수 있는 방법을 찾을 것이다. 생각하는 마음은 계속 당신이 이 정도로는 충분하지 않다는 점을 상기시킬 것이다. 아무리 열심히 노력하더라도, 당신의 자아는 당신이 이룬 성과에 절대 만족하지 못할 것이다.

만약 당신이 이런 부정적인 내면의 대화에 사로잡혀 있다는 사실을 의식할 수 있다면, 그 습관이 스스로를 해치고 있다는 사실을 알게 돼서 자신을 지킬 수 있게 된다. 이는 지금보다 더 행복한 사람이 될 수 있는 아주 강력한 비법이다. 나는 수백 명의 행복한 사람들을 만나왔다. 그들은 모두 **내면의 대화를 알아차리고 그걸 멈추는 방법을 배운 것이 행복한 사람이 될 수 있었던 주요한 원인이라는 점**에 동의했다. 내면의 대화가 당신의 삶을 지배하게 (망치게) 놔두지 말라. 내면의 대화를 멈추거나 적어도 좀 더 긍정적인 길로 갈 수 있도록 방향을 바꿔라. 스스로에게 부정적인 생각을 그만두라는 점을 자주 일깨워줘라.

부정적인 생각이 머릿속에 들어오면, 그냥 그대로 흘러가게 놔두라.

부정적인 그 생각에 집중하지 말고 이렇게 말하라. '이건 그럴 만한 가치가 없어.' 내면의 대화가 해치는 것은 나만이라는 점을 인식하라. 부정적인 느낌의 근원을 이해하고(그것이 어디서 비롯됐고, 뭐가 그 생각들을 붙잡고 있는지) 그런 생각을 하는 자신을 의식하게 되면, 나머지는 저절로 풀릴 것이다. 당신은 내면에 있는 좀 더 평화롭고 좋은 기분을 접하게 되고 당신의 인생은 술술 풀리게 될 것이다. 마음속 소란이 가라앉으면, 공황과 서두르는 마음은 시들어버릴 것이다. 마음속에 품고 있던 의문들이 사라지고 그 자리에 당신이 항상 찾아 헤매던 답이 나타날 것이다.

불행에서 빠져나오려면 당신의 부정적인 생각(그것 외에 다른 건 없다)이 당신이 느끼는 부정적인 느낌의 근원이라는 점을 반드시 이해해야 한다. **부정적인 생각이 없다면 당신을 기분 나쁘게 만들 건 하나도 없다.**

지금까지 당신이 해온 정신 작용의 일부는 아주 잘 연습한 정신적 실수라고 표현할 수 있다. 이런 작용에서 빠져나오면 만족이라는 새로운 감정으로 통하는 문을 열 수 있다. 이 새로운 감정은 당신이 그동안 간절히 바라며 찾아다니던 것이다. 당신은 자신의 건강한 정신이 제대로 작동하지 못하게 훼방을 놓거나 그걸 숨겨버리는 생각들을 놓아줌으로써 이 감정을 접할 수 있다.

축적된 생각들 인식하기

우리의 생각과 감정 사이의 즉각적인 연관성을 알아차리지 못하면 낙담하거나 회의적이 되기 쉽다. 예를 들어 마음속으로 '난 행복해'라고 생각한 후에, 곧바로 이렇게 생각하는 것이다. '자, 나는 지금 긍정적인 생각을 했어. 그런데 왜 기분이 좋아지지 않지?'

긍정적인 생각을 할 때마다 곧바로 그에 상응하는 긍정적인 감정을 느끼지 못하는 이유는 두 가지가 있다. 먼저 그 긍정적인 생각을 한 후에 드는 생각을 살펴보라. 당신은 긍정적인 생각을 한 후에 곧바로 회의적인 생각을 한다. 여기서 바로 습관이 나오는 것이다. 스스로에게 부정적인 생각을 할 시간을 하루 내내 충분히 주다가, 일단 긍정적인 생각이 들면 당신은 곧바로 부정적인 생각으로 그걸 파괴해버린다. 이 모든 일이 아주 빨리 일어나기 때문에 이걸 알아차리기가 영 쉽지 않다. 긍정적인 생각을 한 후에 곧바로 부정적인 생각을 하지 않았다는 점을 인식할 때 기분이 좋아질 수 있다는 점을 아는 것이 중요하다.

긍정적인 생각을 했는데도 곧바로 기분이 좋아지지 않는 두 번째 요인 역시 첫 번째 요인만큼이나 중요하다. 나는 이걸 축적 요인이라고 부른다. 이는 당신이 하루 내내, 그리고 지금까지 살아오는 내내 부정성을 마음에 쌓아왔다는 것을 의미한다. 당신의 마음속에 쌓인 거대한 부정성 때문에 결국 당신은 '가랑비에 옷 젖는 줄도 모르고' 부정적인 생각을 하게 되는 것이다.

> **당신을 무너뜨리는 것은 부정적인 생각 하나가 아니라 그동안 축적된 부정적인 생각의 양이다.**

마음속에 쌓인 아무짝에도 쓸모없는 부정적인 생각을 90에서 95프로 제거한다면, 지금 당신을 우울하게 만드는 그 부정적인 생각이 당신에게 아무런 영향도 미치지 못하게 될 것이다. 부정적인 생각 하나는 그리 큰 힘을 휘두르지 못하지만, 수백 혹은 수천 개로 쌓인 부정적인 생각들이 마음속에 흐른다면, 당신은 더 이상 감당하지 못하고 불행해지고, 우울증이 시작되는 건 시간문제다. 가능한 한 최선을 다해 마음속에 매일 쌓이는 부정적인 생각을 100프로에 가깝게 제거한다는 목표를 세워라. 이 목표에 더 가깝게 다가갈수록, 그 개별적인 부정적 생각이 당신의 정서적 안녕에 미치는 영향은 줄어들 것이다.

처음에는 그런 과정을 일지로 작성하는 것이 도움이 된다. 분명 당신은 자신이 부정적인 생각을 하는 순간을 항상 알아차리진 못할 것이다. 하지만 일지를 쓰면 목표에 집중하는 데 도움이 된다. 예를 들어, 하루에 세 번 이런 식으로 적는 것이다. '오늘 아침에는 부정적인 생각과 거리를 뒀다.' 그리고 점심을 먹은 후에 추가한다. '조심해야지. 다시 부정적인 생각에 휩쓸렸다.' 이 일지는 당신이 하고 싶은 것이 뭔지 계속 일깨워줄 것이다. 그리고 당신의 '축적된 부정성'을 최소한으로 유지할 수 있게 해줄 것이다.

부정적인 생각 습관
확실히 바꾸는 법

부정적인 생각을 하는 습관을 확실히 바꿀 수 있는 방법은 두 가지가 있다. 첫 번째는 친구나 가족, 혹은 상담치료사에게 당신이 한 말을 적어도 이틀 동안 감시해달라고 요청하는 것이다. 당신이 오래된 부정적인 패턴에 빠질 때마다 끼어들어서 하지 못하게 막아달라고 부탁하라. 당신이 부정적이거나 자멸적인 말을 하게 놔두지 말라고 부탁하라. 예를 들어 이런 말이다. '난 화를 낼 권리가 있어', '오늘 내게 무슨 일이 있었는지 넌 짐작도 못 할 거야', '그러지 말았어야 했어' 혹은 글자 그대로 수천 개에 달하는 자멸적인 말들을 하지 못하게 막아달라고 말한다. 이런 습관을 없애려고 할 때, 특히 초반에는 어떤 건 되고 어떤 건 안 되는지 선택할 여유가 없다. 이때 부정적인 생각을 제거하는 가장 좋은 방법은 한꺼번에 몰아내려고 노력하는 것이다. 부정적인 생각을 하는 낡은 습관을 버리고 부정적인 생각을 새로운 습관으로 대체하는 것이다. 그러면 친구나 상담사와 말을 할 때마다 당신이 얼마나 부정적인 생각을 해서 그들이 이를 알려주는지 놀라게 될 것이다. 그럴 때마다 감정적으로 받아들이지 말고 재미있게 생각하도록 노력하라. 당신의 친구나 상담치료사는 그저 당신을 도우려고 한 일이니까.

일단 그 습관을 버리면, 당신은 정상적인 삶으로 돌아갈 수 있고, 그 삶은 매우 달라질 것이다. 그래도 여전히 가끔은 부정적인 생각에 사로잡히겠지만, 그 부정성의 경험은 이전보다 크게 느껴질 것이다. 맞다, 더 나빠질 것이다. 사실 당신에게 떠오른 부정적인 생각이 전보다 더 나빠 보인다면, 당신은 회복으로 향한 길을 가고 있는 것이다. 그동안 당신의 생각 습관이 변했다는 뜻이니까. 당신이 항상 완벽하게 정상이고, 때로는 건강하다고 추정

했던 뭔가가 이제는 당신의 머릿속에서 물소 떼가 달려가는 것처럼 소란스럽게 들릴 것이다. 당신은 그 차이를 느끼게 될 것이다. 부정적인 생각이 시끄럽고 불쾌하게 들리기 시작한다면, 그 생각을 계속하는 데 점점 흥미를 잃게 될 것이다. 그 결과 당신은 그렇게 오랫동안 당연하게 했던 생각을 버리기 시작할 것이다. 당신은 지금 하는 생각을 부인하고 있는 게 아니라 그저 당신이 원하지 않는 생각을 무시하도록 당신의 마음을 훈련하고 있다. **부정적인 생각에 에너지를 덜 쓸수록, 당신의 관심을 사로잡는 부정적인 생각이 줄어드는 걸 깨닫게 될 것이다.**

부정적인 생각을 하는 습관을 버리는 두 번째 방법은 첫 번째보다 더 간단하다. 좀 더 규율을 지키는 것이다. 이 방법은 혼자서 해야 한다. 커다란 카드를 한 장 준비해서 이렇게 쓰라. '내가 지금 무슨 생각을 하고 있는가?' 이걸 크고 진하게 써서 적어도 한 달간은 어딜 가든 가지고 다녀라. 최대한 자주, 할 수 있다면 몇 분 간격으로 이 카드를 들여다보라. 자신이 얼마나 자주 부정적인 성향으로 스스로를 망가뜨리는지 보고 그걸 멈추게 될 것이다.

이 두 가지 연습의 기본 원리는 똑같다. 낡은 습관을 버리기 위해서는 먼저 자신의 습관이 무엇인지, 얼마나 자주 하는지 인식해야 한다는 것이다. 부정적인 생각은 대부분의 사람들에게 정상적으로 보이겠지만, 당신에게 그게 정상일 필요는 없다.

그래서 그 대신
어떤 생각을 해야 하나?

부정적인 생각을 멈추면 일어날 일에 대해 두려워하는 사람들이 많다. 그 생각에 너무나 익숙해져 있기 때문이다. 그럼 그 대신 무슨 생각을 해야 할까? 이 문제에 대한 답은 아주 간단하다. 무슨 생각을 하느냐는 중요하지 않다. 당신 스스로 부정적인 생각에 빠져 있는 걸 알아차리고 의식적으로 그걸 멈추려고 노력하면, 마음이 전보다 훨씬 더 밝아지고 자유로워지는 걸 느끼게 될 것이다. 낡은 생각 대신 더 창조적인 생각들이 자연스럽게 떠오를 것이다. 당신은 전보다 훨씬 더 정력적인 사람이 될 것이다. 당신은 생기가 넘치고, 새롭고, 영감이 넘치고 희망에 찰 것이다. 부정적인 생각이 없어지면 무슨 생각을 해야 할지는 전혀 걱정거리가 안 된다!

부정적인 생각이 없어지면 새사람이 된 것 같은 기분이 들 것이다. 건강한 정신이 삶을 주도하게 될 것이다. 생각이 달라지고, 태도가 달라지고, 무엇보다 감정이 달라질 것이다. 당신은 다시 기분이 좋아질 것이다. 나쁜 생각을 하지 않고, 자신이 하는 생각을 통제하고 있는데 기분이 나쁠 이유는 전혀 없다.

> 당신의 생각이 당신의 마음속을 그냥 흘러서 지나가게 놔두라. 부정적인 생각이 들어오면 그냥 지나가게 하라. 거기에 괜히 관심을 두지 말라. 부정성에 대한 관심을 완전히 끊으라. 대신 건강한 정신에 집중하라. 기분이 어떤가?

이 질문에 대한 대답은 전적으로 당신이 생각하는 방식에 달려 있다. 당신이 희망차고 긍정적인 생각을 한다면, 그렇게 느낄 것이고. 부정적이고 비관적인 생각을 한다면 그렇게 느낄 것이다.

당신은 하루 종일 당신이 생각하는 그대로 될 것이다. 불행, 고통, 문제에 대해 생각하고 싶은가? 아니면 사랑, 친절, 희망과 잠재력에 대해 생각하고 싶은가? 이 질문에 대한 대답이 대체로 당신이 어떤 감정을 느끼는지 결정하게 될 것이다. 한번 시도해보라. 당신도 다시 기분이 좋아질 수 있다!

10

기분의 힘

인간에 대해 부인할 수 없는 사실 중 하나는 누구나 '기분'이 있다는 점이다. 기분의 변화를 경험하지 않는 사람은 단 한 명도 없고, 앞으로도 없을 것이다. 심지어는 세상에서 가장 행복한 사람도 이런 감정의 기복을 경험한다. 기분은 우리의 생각이 스스로를 다치게 할 수 있다 사실을 인식하는 데 큰 영향을 미친다. 기분은 또한 우리가 선택의 지점에 서 있다는 사실을 알아차릴 수 있게 하고, 우리의 능력, 우리가 무슨 생각을 하는지에도 영향을 미친다. 기분의 본질과 그 기만적인 힘을 이해하면 기분이 안 좋은 상태에서 빠져나오려고 싸우지 않아도 쉽게 나올 수 있게 된다.

스톱 씽킹

기분은 바다의 조류와 같다. 기분은 끊임없이 바뀌고 변한다. 가끔은 기분이 아주 좋을 때도 있고, 또 가끔은 아주 저조할 때도 있고, 때로는 그 중간일 때도 있다. 기분이 가라앉아 있을 때는 모르겠지만, 당신의 기분은 항상 변하고 있다. 아주 조금씩 변할지도 모른다.

오랫동안 우울했던 사람이라도, 기분이 좋을 때 어떤 느낌인지는 기억한다. 보통 기분이 좋은 건 행복하고 마음이 가볍고, 인생이 재미있고, 단순하게 느껴지고, 보람차고 걱정이 없는 상태다. 기분이 좋을 때 우리는 상식적이고, 아주 큰 지혜를 느끼며, 문제들을 쉽게 해결할 수 있고, 느긋하게 결정을 내릴 수 있다. 기분이 좋을 때는 자신의 인생에 고마움을 느끼고, 가까이에 있는 사람들을 감사하게 여기고, 쉽게 만족하며, 어떤 일이 생겨도 개인적으로 받아들이지 않는다.

하지만 기분이 가라앉아 있을 때는 전부 반대로 느껴진다. 모든 것이 대단히 힘들어 보인다. 조금만 짜증나는 일이 있어도 크게 불만스러워진다. 기분이 안 좋을 때 우리는 사실상 모든 상식을 잃어버린다. 매사를 개인적으로 받아들이고 항상 마음에 절박하고 절망스러운 기운이 흐른다.

여기서 중요한 질문은 사람들은 대부분 기분이 오락가락하는 반면, 왜 어떤 사람들은 부정적이거나 우울한 상태에 오래 빠저 있는 것일까다. **그 이유는 우울한 사람은 특정한 정신적 습관이 있기 때문이다.** 그들은 그것 때문에 문제가 생긴다는 점을 알아차리지 못한 채 습관적으로 안 좋은 기분에 빠져 있는 경향이 있다. 유감스럽게도 기분이 안 좋을 때 그런 습관이 계속되는 사람은 어떻게 해도 기분이 달라지질 수 없다.

부정적인 마음에서 탈출하려면, 지금 기분이 좋지 않다는 점을 인식하고 자신을 우울하게 만드는 일련의 과정을 피해야 한다. 이렇게 하는 법을 배우면, 계속 우울해하는 대신 다른 사람들처럼 기분이 좋기도 하고 나쁘기도 한 상태가 될 것이다.

기분이 안 좋을 때 당신의 생각에는 무슨 변화가 일어날까?

우리가 하는 생각의 질은 기분이 나쁠 때 급격히 떨어진다. 기분이 안 좋을 때 우리는 부정적으로 생각하고 있다고 추정할 수 있다. 기분이 안 좋을수록, 그 부정적인 생각도 더 강해질 것이다. 기분이 안 좋을 때 우리가 인생에 대해 하는 생각은 기분이 좋을 때 하는 생각과 아주 다를 것이다. 이 개념을 쉽게 이해하기 위해 내가 같은 사람과 나눈 두 개의 대화를 제시해보겠다. 이 대화

들은 내가 내담자와 이틀 연속으로 한 내용을 녹음한 것이다. (그
는 녹음한 사실을 알고 있다.)

상담 첫날

＊ 기분이 안 좋을 때 한 생각

상담사　기분이 어때요?

내담자　끔찍해요, 거의 참을 수 없는 수준인데요.

상담사　오늘 자 신문에서 봤는데 당신 회사의 실적이 아주 좋더
　　　　라고요.

내담자　회사에서 직원들을 어떻게 대우하는지 당신은 결코 모
　　　　를 거예요. 어쨌든 언제 잘릴지도 모르고. 난 내가 하는
　　　　일이 끔찍하게 싫어요.

상담사　전에는 좋아하지 않았어요?

내담자　내 기억엔 그렇지 않은데요. 어떻게 그걸 좋아할 수 있겠
　　　　어요?

상담 둘째 날

＊ 기분이 좋을 때 한 생각

상담사　오늘 기분이 어때요?

내담자　좋아요. 선생님은 어때요?

상담사 아주 좋아요, 고마워요. 아내가 곧 둘째를 출산해요. 우린 기대에 차 있답니다.

내담자 정말 잘됐네요. 난 아이들을 정말 좋아해요.

상담사 그건 그렇고, 오늘 신문에서 또 당신 회사에 관한 기사를 봤어요. 이번 휴가 시즌에 기아에 시달리는 사람들에게 성금을 기부하는 것 같더라고요.

내담자 맞아요. 저도 그 프로그램에 참여했어요. 우리는 세금을 공제하기 전의 수익 중 일부를 지역 사회복지 단체에 기부하고 있어요.

상담사 아주 보람찬 일처럼 보이는데요.

내담자 정말 그래요.

이것이 바로 기분이 지닌 힘을 보여주는 사례다. 믿기 힘들겠지만, 이런 유형의 대화는 아주 흔히 일어난다. 상담 같은 전문적인 환경뿐만 아니라 일상생활에서도 그렇다. 완전히 다른 두 사람이 하는 대화처럼 보이지 않은가? **한 사람이 기분에 따라 완전히 다른 인생을 보고 경험하고 있기 때문이다.** 기분이 나쁠 때는 생각은 항상 어둡고 비관적이다. 그럴 때 자신의 과거를 들여다보면 고통스러웠다고 느껴지고, 그동안의 삶이 온통 낭비처럼 보인다. 그때는 미래도 절망적으로 보인다. 하지만 흥미롭게도 기분이 좋을 때 당신의 과거를 돌아보면, 기분이 나쁠 때보다 훨씬 더 행복하게 보인다. 미래를 볼 때도 같은 일이 벌어진다. 기분이 좋을수록, 미래는 더 희망차게 보인다.

내가 내담자와 나눈 대화들을 녹음한 이유는 그에게 자신의 기분이 미치는 영향을 얼마나 착각하기 쉬운지, 기분이 안 좋을 때 스스로 삶을 보는 관점을 얼마나 쉽게 왜곡하는지 직접적인 예로써 보여주기 위해서였다. 여기서 중요한 점은 이 단순한 사실이다.

> 기분이 안 좋을 때 머릿속을 부정적인 생각으로 채우는 것이 바로 우리가 고통받는 이유다. 그런 생각들은 항상 인생을 바라보는 관점을 크게 왜곡시킨다.

기분이 나쁠 때 하는 생각이 그 순간 보기엔 타당할지 몰라도, 사실은 그렇지 않다. 그런 생각들은 거의 항상 비이성적이고 왜곡돼 있다. 기분이 나쁠 때 필연적으로 부정적인 생각을 하게 된다는 사실을 알아차리면, 사막에 나타나는 신기루를 무시하는 것처럼 그런 생각을 불신하고 무시할 수 있다. 나의 내담자는 테이프에 녹음된 자신의 목소리를 들었을 때 이 사실을 분명하게 깨달았다. "세상에." 그는 다소 충격을 받은 어조로 말했다. "이 목소리가 내 목소리라는 사실을 믿을 수 없네요." 하지만 이보다 더 중요한 사실은 그가 이제 난생처음으로 기분이 안 좋을 때 자신이 하는 생각은 전에도 그랬고, 그 전에도 항상 '한심했다는'(그의 표현이다) 점을 깨달은 것이다. 그는 기분이 나쁠 때 자신이 하는 생각은 '미쳤고', 마치 고통과 불행을 겪으라고 스스로 쓴 처방전과 같다고 믿게 됐다.

> 기분이 나쁠 때는 인생을 제대로 볼 수 없다. 인생에 대한 시각이 일그러져 있기 때문이다. 이때 머리를 비우고 생각을 꺼야 훨씬 나아진다.

기분을 이해하는 것이 그토록 어려운 이유는 매번 기분이 나쁠 때마다 우리가 지금 그런 감정을 느낄 만하고, 그런 감정이 필요하다고 스스로 정당화하기 때문이다. 그런 상황에서 우리는 항상 절박하고 독선적인 감정을 느낄 것이고, 자신이 생각하는 바를 너무나 간절하게 믿으려 한다. **여기서 빠져나올 유일한 길은 기분이 나쁠 때 생각과 감정을 믿는 것이 전적으로 어리석다는 점을 알아차리고, 그런 상태에 빠질 때마다 그 생각을 무시하는 데 전념하는 것이다.** 기분이 나쁠 때 드는 생각은 관심을 둘 가치가 없다. 그런 생각에는 인생에 대한 아주 왜곡된 시각이 담겨 있기 때문에 우리를 해친다. 그런 생각에 전념하지 않고, 그저 내버려 두면 우리의 인생이 좀 더 나아 보일 것이다.

기분이 나쁠 때 생기는 중요한 문제는 그런 문제들이 영원 히 계속될 것처럼 보인다는 점이다. 이건 마치 어두운 동굴 속에 있어서 빛을 전혀 볼 수 없는 상황과 같다. 생각만 해도 무시무시 하다. 하지만 동굴 속 어딘가에 빛이 존재한다는 사실을 안다면 빛을 전혀 볼 수 없다 해도 괜찮다. 빛을 찾는 것은 시간문제라는 것을 안다면, 공황에 빠질 이유가 전혀 없다.

안 좋은 기분이 지나갈 때까지 기다리는 과정은 동굴에서 나 가는 길을 찾는 것과 비슷하다. 그 상황을 아주 많이 겪어봤다고 해도, 이번이 그중에서 최악인 것처럼 보이고 이번 불행은 영원히 끝나지 않을 것처럼 보인다. 하지만 그렇지 않다. 그런 일이 일어 날 때 그 상황을 정확히 자각한다면, 기분이 미치는 영향에서 보호 받을 수 있다. 두려워할 건 하나도 없다. 공황에 빠지지 않고 올바 른 길로 걷기만 한다면 얼마 못 가 빛을 찾을 것이다. 나쁜 기분이 사라질 것이라는 믿음은 마치 왜곡된 거울을 보며 이것이 나의 진 짜 모습이 아니라는 것을 인식하는 것과 같다. 부정적인 감정이 그 저 환영에 지나지 않는다는 사실을 알게 되면, 당신은 나쁜 감정에 물든 마음이 빚어낸 악순환에 빠져 불행해지지 않을 것이다.

사실 안 좋은 기분 자체는 문제가 아니다. 물론 그건 힘든 감정이고, 누구도 그걸 좋아하지 않지만, 그 상황을 당신이 명확히 인식하고 있다면 그런 감정은 당신을 해칠 수 없다.

진짜 문제는 생각과 안 좋은 기분에 따라오는 정신 활동이다.

기분이 안 좋을 때 하는 생각은 부정적이고, 불안정하고, 비관적이다. 그때는 인생과 그 안의 모든 것이 나쁘게 보인다. 왜 이렇게 기분이 나쁜지에 대한 많은 이유와 이론을 내세워 우리가 느끼는 불행을 뒷받침하고 정당화할 것이다. 어떤 이유를 내세우건, 그 의견이 얼마나 정확한지에 상관없이, 혹은 상황이 얼마나 나빠 보이는지에 상관없이, 그런 감정은 우리에게 상처만 준다. 그 이유들 자체가(그리고 그에 대한 생각이) 나쁜 감정을 부채질하기 때문이다. 그런 이유가 없다면, 나쁜 기분은 시간이 흐르면 그냥 없어질 것이다. 하지만 왜 기분이 나쁜지에 대한 이유를 계속 내놓으면, 그 기분은 사라지지 않는다. 거기에 기름을 부어서 계속 불타게 만들었기 때문이다. 그것에 대해 생각하면 할수록, 상황은 더 안 좋아 보일 것이다.

물론 그 문제들은(그것이 만약 실제로 존재한다면) 기분이 좋아질 때도 여전히 그 자리에 있을 것이다. 하지만 유일한 차이는 기분이 좋을 때 우리는 그 문제를 해결할 준비가 더 잘돼 있다는 점이다. 기분이 나쁠 때는 해결에 아무 도움이 안 되는 답을 내놓을 가능성이 아주 크다.

불행에서 벗어나는 이 방법을 배운 후에도, 여전히 나쁜 기분에 부정적인 영향을 받을 수 있다. 기분이 나쁘면 눈에 보이는 모든 게 다 문제가 되기 때문이다. 그리고 이번에 느끼는 불쾌한 기분은 전에 느낀 수만 가지 기분과 어떻게 다른지 알려고 할지도 모른다. 그 상황에서 떠오르는 이유와 궁지에 몰린 이 상황에 대한 생각을 하면 할수록, 기분은 더 나빠질 것이다.

> 자신을 지키려면, 기분이 침체됐을 때 느끼는 감정을 더는 믿지 않으면 된다.

어떻게든 그 부정적인 감정을 내버려두면 불쾌한 감정이 지나가리라는 사실이 우리를 지켜줄 것이다. 우리의 새로운 보호장치가 될 것이다.

기분을 인식하고 행동하기

기분의 자연스러운 리듬을 방해하지 않는다면, 기분은 저절로 오르락내리락한다. 10세기 사람들도 그랬고, 22세기 사람들도 똑같다. 기분은 언제나 변함없이 존재하며, 기분이 변하는 것 역시 피할 수 없는 인생의 현실이다.

심지어는 행복한 사람들도 자기 몫의 울적한 기분을 감당해야 한다. 하지만 우울한 사람과 그렇지 않은 사람의 차이는 우울하지 않은 사람은 자신의 기분을 솔직하게 받아들인다는 점이다. 그들은 자신의 태도와 행동에 이 울적한 기분이 미치는 영향을 감안해서 행동한다. 그래서 이런 식으로 말한다. '지금은 상황이 별로 좋아 보이지 않네요. 나중에 질문해주세요.' 혹은 '지금은 기분이 정말 안 좋아요. 지금은 중요한 이야기를 안 하는 게 좋겠어요.'

그들은 이것이 일시적이며, 다시 좋은 기분이 찾아오리라는 점을 안다. 지금은 기분이 나쁘고 아무 재미도 느낄 수 없지만, 신경 쓰지 않으면 이런 순간도 지나갈 것이라는 사실을 안다.

우울한 사람들도 기분이 나쁠 때가 있지만, 그걸 아주 끔찍하게 느낀다는 점이 다르다. 우울한 사람들의 특징은 그 기분이 영원히 지속되지 않는다는 것을 종종 잊어버린다는 점이다. 우울한 사람들은 저조한 기분을 우울하지 않은 사람들과는 다르게 표현한다. '저에게 지금 질문하지 마세요. 우울하니까.' 혹은 기분 나쁜 마음을 외부에 표출하기도 한다. 실제로는 영원하지 않은 불쾌한 기분의 영속성을 그들은 확신한다.

하지만 기분이란 자연스럽고 피할 수 없는 현실이며 모든 인간이 겪는 현상이다. 그렇기에 결국엔 나쁜 기분은 사라지리라는 점을 이해해야 한다. 기분이 나쁘다는 사실을 받아들이고, 동시에 그 기분은 저절로 다시 좋아질 것이라는 사실을 깨달으면, 어둠은 알아서 걷힌다. 이때 우리는 아무것도 할 필요가 없다.

문제에 대해 생각을 덜 할수록, 기분은 더 나아진다.

기분이 나쁠 때 드는 온갖 생각에 관심을 끊고, 그 생각과 감정을 무시하면 기분이 좋아지기 시작할 것이다. 그렇다고 인생에 무심한 사람이 될 거라고 생각하는 실수는 하지 말라.

기분이 좋아지면, 당신은 현재의 삶에 훨씬 더 깊이 몰입하게 될 것이다. 인생이나 눈앞의 문제를 무시하고 있는 게 아니라 그저 비뚤어진 생각을 무시하고 있을 뿐이다.

엘런과 스탠은 1년 동안 작은 회사를 같이 운영해오고 있었다. 사업은 상당히 잘됐고, 사업을 시작했을 때부터 친구였던 두 사람은 같이 일을 잘 해왔다.

그러다 어느 날 갑자기 엘런이 기분이 안 좋은 상태로 사무실에 왔다. 엘런이 그런 기분을 표현하는 방식은(사람들은 모두 다른 방식으로 표출한다) 아주 비판적으로 행동하는 것이다. 엘런은 스탠의 결점과 과거에 더 잘할 수 있었던 방식들을 지적하기 시작했다. 스탠은 깜짝 놀랐다. 그는 엘런의 이런 면을 처음 봤다.

스탠은 '진짜 엘런의 모습'을 봤다고 생각해서 두렵고 불안해졌다. 스탠의 기분도 곧바로 나빠졌다. 스탠이 불쾌한 기분을 드러내는 방식은 방어적이고 논쟁적이었는데, 이 때문에 엘런의 비판이 더 심해졌다. 그러면서 엘런까지 겁이 나서 기분은 더 나빠졌다.

기분이 안 좋을 때는 사소한 문제들이 '빙산의 일각'처럼 보인다. 스탠과 엘런 둘 다 이 사업을 그만 접어야 할지 의문을 품기 시작했다. 이 작은 문제들이 새로운 문제들이 나타나는 전조가 아닌지 두려워했다. 스탠이나 엘런이나 기분의 힘에 대해 이해하지 못했기 때문에, 서로에 대해 이러한 감정 상태에서 새롭게 떠오르는 생각들을 믿었다. 그들이 느끼는 감정대로 서로를 대해야 한다고 생각했고, 결국 사업은 틀어지기 시작했다.

스탠과 엘런이 날 보러왔을 때는 둘 다 서로에 대한 불만이 극에 달해 있었다. 하지만 그들은 내가 그들이 서로에게 가진 비판적이고 방어적인 패턴들을 분석하거나 토론하지 않은 것을 보고 놀랐다. 나는 두 사람 다 기분이 나쁠 때 하는 반응들을 너무 진지하게 받아들여서 무심결에 상대에게서 최악의 면을 이끌어 냈다고 이야기해줬다. 나는 그들에게 상대가 기분이 나쁠 때는 부정적인 행동을 한다는 것을 예상하고 이를 고려해 서로 이해하라고 말했다. 기분이 나쁠 때 하는 말을 진지하게 받아들여선 안 된다는 점도 알려주었다.

이것이 기적의 해결책이거나 특별한 사례는 아니다. 그저 두 사람이 자신의 기분 때문에 맹목적이 된 경우일 뿐이다. 일단 기분의 본질에 대해 이해하자 그들은 각자 느꼈던 불만을 털어버리고 전에 하던 대로 협력하며 살아갔다.

START
LIVING

PART 2

삶을 시작하기

11

현재를 살아라,
삶의 모든 것이 달라질 것이다

우울증에서 벗어나 행복한 인생을 살아가기 위한 가장 오래되고
현명한 조언은 '현재를 살라'는 말일 것이다. 역사를 통틀어 사실
상 모든 영적 스승과 현인들이 이 해법을 제시했다. 이 오래된 조
언을 들어본 사람들은 아주 많고, 심지어 거기에 동의하지만, 그
렇게 살기는 왜 그렇게 어려운 것일까? 간단하다. 사람들이 계속
과거에 매여 있기 때문이다. 그들이 부정적인 미래를 짐작하는
이유는 두 가지다. 생각의 중요성을 이해하는 사람들이 거의 없
고, 기분이 지닌 힘을 이해하는 사람도 거의 없기 때문이다.

만약 생각을 자신이 만들어내는 것이 아니라 우리가 손쓸

여지도 없이 그저 자신에게 일어나는 것이라 생각하면, 현재를 살기란 불가능하다. 머릿속에 무심코 떠오르는 일련의 생각을 따라가야 한다고 느낀다면, 현재에 머무를 수 없다.

혼자 책을 읽고 있는데 갑자기 이런 생각이 떠올랐다고 가정해보자. '난 결코 ~를 할 수 없을 거야.'(공백은 당신이 채워야 한다.) 이때 떠오른 생각이 뭐든 그건 중요하지 않다. 만약 우리가 그 생각을 계속 따라간다면, 결국 어디에 이르게 될까? 곧바로 감정의 쓰레기통으로 직행하게 된다! 하지만 지금까지 일어난 모든 것이 그저 당신의 머릿속을 지나가는 일련의 생각(당신이 떨쳐버리기로 한 단순하고 해롭지 않은 생각)에 지나지 않는다는 점을 알아차리면, 그 영향에서 자유로워질 것이다.

예를 들어보자. 어떤 생각이 당신의 머릿속에 들어오기 1초 전에 당신은 책을 읽느라 바빴다. 그러다 난데없이 한 생각이 머릿속에 불쑥 들어왔다. 당신은 뭣 때문에 이 생각을 진지하게 받아들이고, 그 생각을 따라가다가 결국 그것 때문에 속상해하거나 다른 일을 할 수 없게 되는 걸까? 바로 **습관** 때문이다.

머릿속에 들어오는 모든 생각을 쫓아가야 할 필요성을 느낀다면, 다른 곳(과거나 미래)에서 노느라 너무 바빠서 현재에 머무를 수 없게 된다.

머릿속에 들어오는 다양한 형태의 부정적인 생각을 쫓아다니면서 연구하느라 정신이 없을 것이다. 머릿속에서 너무 많은 움직임이 일어나서 스스로 통제할 수 없을 것이다. 매일 마음속에 오만 가지 생각이 스쳐 지나가고 있으니까! 생각이 외부에서 일어나는 일들 때문에 생겨난다고 믿는다면, 왜 우리의 생각이 그렇게 감당할 수 없을 정도로 커지는지 쉽게 이해할 수 없다. 하지만 우리 스스로 생각을 '창조'했다는 사실을 알고, 생각은 나를 해칠 수 없다는 사실을 깨닫게 되면, 우리는 그 생각에서 거리를 두고 멀찍이 물러나 있을 수 있다. 마치 머릿속에서 상영되는 영화의 등장인물이 되는 게 아니라 그 영화를 멀리서 지켜보고 있는 것과 같다. 이때 우울해지거나, 화가 나거나 질투심에 찬 생각이 떠오르면, 그 생각을 떨쳐버리고 하던 일로 돌아갈 수 있는 선택권이 있다.

사람들이 현재에 머무르기를 그렇게 힘들어하는 두 번째 이유는 기분이 지닌 힘을 이해하지 못하고, 기분이 나쁠 때 어떻게 대응해야 할지 모르기 때문이다. 유감스럽게도 기분 나쁠 때 하는 생각을 믿는다면, 우리는 두려움 때문에 현재에 머무르지 못할 것이다. 불쾌한 생각이 항상 부정적이고 불쾌한 기분을 불러오고, 그런 기분에서 어마어마한 긴박감을 느끼게 될 것이다. 즉 그 불쾌한 감정에서 도망치기 위해 뭔가 빨리 해야 한다는 강박을 느끼게 된다. 기분이 안 좋을 때는 불안정한 생각이 의식을 지배한다. 그때 우리가 할 수 있는 최선은 안 좋은 생각을 불신하고, 떨쳐버리고, 무시하는 것이다.

기분이 나쁠 때 드는 생각을 불신하지 않으면, 우리의 머릿속은 자신이 상상한 우울과 파멸로 가득 차게 될 것이다. 눈앞의 문제들이 너무 긴박해서 현재에 머무를 수 없게 되고 지금 느끼는 이 감정에서 당장 어떻게 벗어나야 할지 몰라 조급해진다.

행복한 사람들은 어제, 한 달 전, 아니면 어렸을 때 일어난 일에 상관없이, 그리고 내일, 다음 주, 혹은 15년 뒤에 일어나거나 일어나지 않을 일들에 상관없이, 마음속 깊이 '지금 이 순간'에서 행복을 찾는다. 행복한 사람은 '지금 이 순간'에 우울은 존재할 수 없다는 사실을 알고 있다.

진정으로 행복한 사람들은 인생이란 그저 끝없이 경험하면서 이어지는 일련의 현재뿐이라는 사실을 알고 있다.

행복한 사람들은 과거는 '현재'에 더 열중해서 사는 것이 어떤 것인지 가르쳐주는 스승이라고 생각한다. **미래는 언젠가 도착하게 될 더 많은 현재의 순간들로 이뤄져 있는 것으로 본다.** 행복한 사람들은 함께하는 사람과 전심전력을 다해 그 자리에 존재하려 노력하고, 과거나 미래에 대해 별 생각을 하지 않으며 자신이 하는 일에 적극적으로 몰입하려고 노력한다. 그들은 인생의 매 순간을 최대한 충만하게 경험하려고 노력한다.

> 행복한 사람은 매일매일 지금 이 순간에 충실하게 살려는 목표에 더 가까워질수록, 더 멋진 인생을 경험한다는 사실을 알고 있다. 현재를 사는 것은 공허한 이론이 아니라, 행복한 사람이 살고 있는 현실이다.

마치 아이처럼

나의 내담자들은 현재에 가장 몰두했다고 느낀 순간이 아이들과 같이 놀고 있을 때나 아이들을 지켜보는 순간이었다고 말했다. **현재를 살아간다는 뜻은 지금 이 순간에 일어나는 일에 관심을 집중하는 것을 택한다는 것이다.** 바로 이 순간을 즐기고 감사하게 여기는 것이다. 우리의 인생은 너무 소중하기에 허비할 시간이 없다. 현재를 살아가면서 인생의 진가를 음미할 더 좋은 시간은 지금 이 순간 말고는 없다.

현재를 사는 삶에서는 미래가 오기 전까지는 그다음에 무슨 일이 일어날지 생각하지 않는다. 하지만 현재를 살지 않는 삶에서는 이 순간을 음미하는 대신, 앞으로 일어날 일을 걱정한다. **현재에 몰두하는 대신 미래에 일어나게 될 일을 걱정하거나, 과거에 일어난 일을 머릿속에서 곱씹는다.**

나 또한 아이들과 함께하면서 현재를 사는 것이 얼마나 좋은 느낌인지 알았고, 그 덕분에 기분이 안 좋을 때마다 현재에서 빠져나왔다는 사실을 알아차리게 됐다. 누구나 기분이 안 좋은 그때, 자신이 현재로부터 얼마나 유리돼 있는지 알아차림으로써 같은 깨달음을 얻을 수 있다. **다음번에 우울해질 때는 당신의 생각이 어디 있는지 살펴보라.** 장담하는데 분명 현재는 아닐 것이다. 일단 현재 이 순간과 당신의 정신 건강 사이의 연결이 끊어졌다고 느끼면 우울한 기분에 대한 해결책은 다시 현재로 주의를 돌리는 것이다.

현재에 가장 깊게 몰두하는 사람들의 예로 아이들을 들 수 있다. 내담자 중 한 명은 유치원 아이들을 돌보는 일에 대해 묘사했다.

> "아이들은 무슨 일을 하고, 누구랑 같이 있건 그 순간 하는 일에 완전히 몰두해요. 아이들은 현재를 살기 때문에 그들이 하는 경험을 하나도 빼지 않고 완전히 흡수합니다."

성인들은 과거의 후회와 미래에 대한 걱정이 현재 이 순간의 생기를 다 쥐어짜게 놔두는 습관이 있는 것 같다. 하지만 과거와 미래에 관한 생각으로 우리가 스스로 인생을 파괴하고 있다는 사실을 알아차려야만, 그 생각들을 떨쳐버리고 더 행복한 느낌을 되찾을 수 있다.

좀 더 현재에 집중하는 데 익숙해지면, 우리는 인생을 즐기는 문을 열어젖히게 된다. 잠재적인 문제점들을 보는 대신, 아름다움을 보게 될 것이다. 과거 했던 실수들을 다시 곱씹는 대신, 그 실수들에서 배우고 앞으로 나아가게 될 것이다. 부정적이거나 불안한 생각이 머릿속에 들어오면, 그저 즐거운 소풍을 갔다가 개미를 발견한 정도로 인식하면 된다. 현재에 대한 집중을 방해하는 것들은 가볍게 무시해도 된다. 물론 모처럼 간 소풍에서 개미가 나타나지 않는 편을 좋겠지만, 그것 때문에 기분 좋은 하루를 망치게 놔두진 않을 것이다.

나도 매일 내 머릿속에 들어오는 부정적인 생각들에 대해 같은 느낌을 받는다. 종종 그 생각들이 날 내버려두길 바라지만, 그것 때문에 내 인생의 즐거움을 빼앗기는 건 단호하게 거부한다. 부정적인 생각들을 곱씹는 대신, 그 생각들을 떨쳐버릴 수 있음에 고마움을 느낀다. 우리는 마음에 안 드는 생각은 언제든 버릴 수 있다.

행복한 사람들도 우울한 사람들처럼 부정적인 생각을 한다. 유일한 차이는 생각과 그 생각을 하는 사람이 맺는 관계다. 행복한 사람들은 자기가 하는 생각을 그저 생각으로 보고 털어버릴 수 있지만 우울한 사람들은 그렇지 않다.

조건부 행복은 없다

과거나 미래를 기준으로 생각하면 결코 현재를 행복하게 살 수 없다. 특정 조건들이 충족될 때만 행복해질 거라고 믿으면 일단 그 목표가 달성되면 또 충족시켜야 할 새로운 조건들이 생긴다. 그야말로 '~를 하면 난 행복해질 텐데'의 순환이 시작되는 것이다. 구체적인 조건은 사실상 뭐든 될 수 있다. '학업을 마치면', '취직하면', '승진하면', '돈을 더 많이 벌면', '짝을 찾으면', '자식을 낳으면', '집을 사면', '이 문제들을 해결하면'…. 이런 식으로 끝이 없다. 이 목표들은 그 자체로는 나쁘지 않다. 아이를 원하거나 돈을 더 많이 벌고 싶거나, 다른 바람이 있다면, 그렇게 하라! 하지만 미래만을 생각하면 분명 그 목표들을 이루는 과정을 즐기지 못할 것이고, 그 결과를 이뤄내도 즐기기 못한 채 다시 새 목표를 찾아낼 것이다. 그렇게 당신은 항상 같은 자리에 있게 된다.

우리가 '언젠가는' 달라지길 원한다면, 지금 이대로 오늘의 인생을 즐기는 데 집중하겠다고 결심해야 한다. 다른 방법은 없다. 어쨌든 우린 지금 여기에 있으니, 이 순간에 몰두해서 즐기는 편이 낫다. 낙심하거나, 화가 나거나, 어떤 면에서든 좌절감이 느껴진다면, 자신이 이 순간과 얼마나 동떨어져 있는지 알아차리려고 시도하라. **관심을 다시 현재로 돌려놓으면 아주 신속하게 좀 더 긍정적인 느낌을 되찾고, 다시 일상을 살아갈 수 있다.** 생각에 대한 이해가 깊어지면 이 과정이 점점 더 쉬워지면서 우울증이 사라질 것이다. 이 점은 아주 단순하고 분명하면서도 극히 중요하다.

> 우리가 찾아야 할 유일한 행복이자 영원히 계속될 행복은 바로 이 순간을 살아가는 것이다.

현재는 우리가 즐기길 기다리는 마법과 같고, 변화무쌍한 순간이다. 현재는 행복을 제외한 다른 감정은 느낄 수 없는 경이로움을 맛보는 유일한 순간이다. 오늘 생각의 고삐를 당기면서 인생을 즐기기 시작하겠다고 약속하라.

스톱 씽킹

우울하지 않은 인생을 사는 비결 중 하나는 조급한 태도를 버리는 것이다. 서두르는 것은 매우 안 좋은 습관이다. 이것은 단순히 일정의 문제가 아니라 심리 상태에 관한 문제다. 세상에는 극단적으로 바쁘게 사는데도 서둘러야 한다고 느끼지 않는 사람들도 있다. 하지만 많은 사람이 실제로는 그렇게 바쁘지 않으면서도 항상 바쁘다고 느끼며 살아간다.

인생에서 느끼는 조급증의 정도는 전적으로 현재에 집중할 수 있는 능력에 달려 있다. 만약 생각이 전부 '해야 할 일'에 집중되어 있고, 그걸 할 시간은 거의 없을 때 어떤 느낌일지 상상할 수 있겠는가? 정말 두렵지 않겠는가? 우리는 대부분 어느 정도는 그런 느낌을 받으며 살아간다. 많은 사람이 모든 순간 끊임없이 서두르며 미래에 대한 생각으로 가득 채운다.

이렇게 끝없이 서두르는 문제의 해법은 지금 이 순간에 좀 더 집중해서 머무르는 것이다. 사실 앞으로 해야 할 일에 신경을 덜 쓰고, 매 순간을 최대한 충실하게 살아간다면, 지금 무슨 일을 하고 있건 서둘러야 한다는 느낌을 받기란 불가능하다.

약속에 늦어 서둘러 운전을 하며 가는 상황을 생각해보라. 도착했을 때 일어나게 될 온갖 끔찍한 일들을 생각하느라 정신없다고 해도 결과적으로 약속 장소에 1초라도 더 일찍 도착할 순 없다. 우리가 현재에 집중하는 법을 배운다면(운전에만 집중한다면) 정서적으로 훨씬 더 안정된 상태로 도착할 수 있다. 영혼이 너덜너덜해지고 잔뜩 짜증이 나는 대신, 자신 있고 평안한기분을 느끼게 될 것이다. 지각하더라도 만날 상대에게 사정을 제대로 설명하고 사과할 수 있고, 원래 만나서 하기로 한 일을 끝마칠 수 있을 것이다.

행복한 사람은 해야 할 일을 계속 생각하다 보면 끝없이 서두르게 될 거라는 사실을 안다. 그건 아주 간단한 이치다. 서두르는 마음으론 행복을 느낄 수 없다. **서두르는 마음은 현재에 몰입하고 즐거워하는 게 아니라 아직 경험하지 못한 미래의 활동에 사로잡힌 상태다.** 행복한 사람들은 시간의 압박이 없을 때조차 우리의 마음은 조급한 기분을 만들어낸다는 것을 안다. 또 우리에게는 그 마음을 다시 현재로 되돌려서 하던 일을 다시 계속하게 할 능력이 있다는 점도 잘 안다.

뭔가를 빨리 해야 하거나 곧바로 행동을 취해야 할 때도 있겠지만, 지금부터는 특별한 경우들을 제외하면 그런 급한 마음은 아껴두기 바란다. 인생에서 가장 놀랄만한 경험 중 하나는 우리가 얼마나 쓸데없이 서두르며 인생을 살아가는지 알아차리는 것이다. 일단 자신의 그런 성향을 알아차리면, 우리는 지금 이 순간으로 관심을 되돌리는 간단한 방식으로 조급증을 대부분 제거할 수 있다. 어느 순간 속도가 빨라진 걸 알아차리면 거기서 한 발짝 물러나서 스스로 속도를 늦출 수 있다.

만족을 뒤로 미루지 마라

'언젠가 삶이 더 나아질 거야'라는 삶의 철학은 미흡한 점이 아주 많다. 우선 그 말은 사실이 아니다. 여전히 우리가 미래를 '언젠가' 도착할 뭔가로 생각하고 있다면, 막상 그때가 와도 여전히 행복하지 않을 것이다. 미래 지향적인 생각은 항상 우리를 실망시키고 좌절시킬 것이다. 현재에 충분히 몰입하지 않는 삶에서는 인생이 주는 보상을 즐겨본 적이 없어서 미래에 도착한다 해도 뭘 어떻게 해야 할지 모른다. 미래 지향적인 생각은 삶에서 한 발짝 떨어진 태도다. '취직하면 내 인생을 사랑하겠어.' 하지만 취직을 해도 이미 현재가 아닌 시점에서 생각하는 데 너무 익숙해져서 다시 이런 생각을 하기 시작할 것이다. '난 지금 행복할 수 없어. 지금은 출세의 사다리를 제일 밑에서부터 올라가야 하니까. 좀 더 돈을 많이 벌고 승진을 하면 행복할 거야.' 이 끝없는 악순환을 깨고 우울증의 덫에서 빠져나와야 한다.

삶의 만족을 뒤로 미루지 말라. 그럴 만한 가치가 없고, 그렇게 할 필요도 없다. 당신의 인생을 최대한 누리며 살라. 그러면 바로 이 순간 가장 큰 기쁨을 발견하게 될 것이다. 지금 무슨 일을 하고 있건, 할 수 있는 한 최선을 다하라. 지금뿐 아니라 5분 후에도 그렇게 하라. 한 시간 후에도 내일도 그렇게 하라. 당신이 지금 하는 일과 목표의 매 단계를 철저하게 즐기도록 노력하라. 그렇게 하면, 목표를 이뤘을 때 성공도 즐기게 될 것이다.

한 가지를 분명하게 밝히겠다. 현재를 위해 사는 사람들은 미래 계획이나 성공을 희생하지 않는다, 손톱만큼도! 오히려 현재에 몰두하는 사람은 지금 할 수 있는 최선의 노력을 한다. 위대한 운동선수들을 보면 그들이 현재 이 순간에 얼마나 철저하게 몰두하는지 보게 될 것이다. 그것이 바로 그들의 성공 비결이다.

충실한 현재는 언젠가 성공으로 돌아온다. 이것이 가장 정직한 성공의 기술이다.

문제들은 사라질 것이다

현재에 집중하면서 살아갈수록 당신의 문제들이 거의 마법처럼 사라지는 것을 깨닫게 될 것이다.

> 현재에 집중한다는 것은 항상 최선을 다하고 있는 것이므로, 그
> 런 순간들이 쌓이면 자연스러운 해결책이 삶에 녹아든다.

앞으로 일어날지도 모르는 일에 걱정하면서 인생을 보내는
대신, 매 순간을 건설적으로 혹은 즐기며 보내라. 그런 매 순간이
모여 퍼즐을 완성하는 데 필요한 또 다른 조각이 될 것이다.

> 목표는 오직 한 번에 한 단계씩 이룰 수 있는 것처럼, 문제도 당신
> 이 할 수 있는 일을 한 번에 하나씩 계속해서 매 순간, 매일매일
> 해나가는 방식으로만 해결할 수 있다.

우리의 관심을 문제나 그 문제를 해결하기 얼마나 힘든지에
쏟는 대신 지금 이 순간 뭘 할 수 있는지에 향한다면, 이미 우리는
해결책을 향해 뚜벅뚜벅 나아가고 있는 셈이다. 현재 지향적인
사고방식은 이 상황을 개선하기 위해 지금 할 수 있는 일에 집중
한다. 이 순간 한 행동이 해결책을 향한 또 다른 행동으로 이어질
것이다.

우리가 매 순간 할 수 있는 일을 하는 동안, 한때 결코 극복할 수 없을 것처럼 보였던 문제들은 점차 힘을 잃고 사라질 것이다.

우리는 문제를 해결하기보다 인생에 집중해서 살아가게 될 것이다. 당신은 모든 걱정이 시간 낭비라는 점을 알게 될 것이다!

매일매일을 인생의 마지막 날처럼 살아라

행복한 사람들은 인생이라는 이 모험의 기간이 보장돼 있지 않다는 사실을 잘 안다. 또한 이 법칙에 예외는 없다는 사실도 알고 있다. 이 단순한 진실을 자신에게 일깨워줌으로써 그들은 매일매일을 지상에서의 마지막 날처럼 살 수 있게 된다. 누가 알겠는가? 정말 그날이 그 사람의 마지막 날일지.

행복한 사람들은 사랑하는 사람들에게 사랑한다고 말하기를 내일로 미루지 않는다. 그들은 아름다운 저녁노을을 보는 걸, 시골에 놀러가는 걸, 아이들과 함께하는 걸 내일로 미루지 않는다.

행복한 사람들은 지금 무슨 일을 하고 있건 그 일을 즐긴다. 그들이 잠재적인 고객에게 영업 전화를 하고 있다면, 그것이 일이라 할지라도 고객과 통화하는 일을 즐기겠다고 다짐한다. 그게 어떤 차이를 만들어낼까? 이렇게 현재의 순간에 몰입한다면, 그 순간 가장 풍요로운 경험을 할 수 있다.

자식이나 배우자를 다시는 보지 못하게 된다면, 집 밖을 나가기 전에 시간을 내서 가족을 안아주지 않겠는가? 좀 더 인내심을 가지고 친절하게 대하면서 이해하려 들지 않겠는가?

매일매일을 인생의 마지막 날처럼 산다면, 정말 마지막 날이 왔을 때 그 어떤 후회도 없을 것이다. 우리 삶은 걸작이 될 것이다. 최선을 다해 인생을 살아갈 수밖에 없으리라. **매 순간 우아하게 감사하는 마음으로.**

용서

용서 또한 현재에 집중하는 생각에서 비롯된다. 만약 자신을 포함해 누군가를 용서할 때 우리는 자신에게 이런 말을 하는 셈이다. '과거는 지나갔어.' 아무도, 심지어 당신조차도 이미 일어난 일을 돌이킬 수 없다.

> 누군가를 용서하길 거부할 때 당신은 현재를 살고 있지 않은 것
> 이다. 당신은 더 이상 존재하지 않는 과거에 집착하는 것이다. 당
> 신은 자기가 하는 생각으로 스스로를 고문하고 있다.

현재에 집중해서 생각하면 상대를 용서하게 되고, 그 결과 과거로부터 완전히 자유로워져서 당신의 인생을 온전하게 누리게 된다. 용서하지 못하면 당신의 현재 역시 그만큼 고통스러워질 뿐이다. 무슨 일이 일어났다 해도, 그 일이 아무리 끔찍했다 해도, 지금 행복해질 수 있는 길은 조금 더 현재에 집중해서 살아감으로써 상대를 용서하는 것이다.

인생이란 당신이 다른 계획을 세우느라
바쁠 때 일어나고 있는 일들이다 존 레넌

인생을 미루는 습관에 빠지는 건 아주 구미가 당기는 일이다. 사람들이 대부분 그런 것처럼 인생이 언젠가는 점점 더 나아지고 점점 더 보람찰 거라고 믿기는 아주 쉽다. 하지만 그런 생각의 논리를 철저하게 살펴보면 이것이 비극적인 실수란 점을 알게 될 것이다.

미래의 본질은 이렇다. 내일이 오면 미래는 여전히 우리가 경험할 일련의 현재의 순간들이라는 형태로 도착한다. 그렇기에 매 순간에 집중해서 살아가려면 연습이 필요하다. 그것이 쉽지만은 않다는 점을 아는 것도 중요하다. 현재를 살아가는 연습을 하겠다고 굳게 다짐하지 않는 한, 당신의 내일은 오늘처럼 공허할 것이다. 그 내일 역시 오늘처럼 음미하지 못할 것이다. 우리의 습관을 바로잡을 필요가 있다. 다른 가치 있는 기술을 연마하는 것처럼 지금 당장 집중해서 현재를 살겠다고 자신의 생각을 훈련해야 한다. 인생이 거기에 달린 것처럼 열심히 연습해야 한다.

늦은 때란 없다

희소식은 현재에 집중해서 살아가는 기술을 지금이라도 배울 수 있으며, 시작하기에 너무 늦은 나이란 없다는 점이다. 기억하라, 어린아이였을 때 우리는 현재를 만끽하며 살았다. 그렇기에 누구나 어느 정도는 그게 어떤 느낌인지 알고 익숙해 있다. 오늘 당장이라도 시작할 수 있다.

지나간 실수들을 곱씹지 않거나 미래에 관한 걱정을 하지 않을 때 인생이 얼마나 근사할지 스스로에게 반복해서 일깨워줘

라. 일단 **생각은 스스로 한다는 사실을 이해하고 우리가 생각을 선택하고 통제할 수 있다는 점을 기억하라. 부정적이거나 걱정스러운 생각들이 머릿속에 들어오면 잊어버려라. 처리해야 할 일이 있으면, 처리하라.** 현재에 집중해서 살아가는 법을 배운 사람이 자신의 인생이 무너져가고 있고 무책임하게 행동한다고 느끼는 경우는 단 한 번도 본 적이 없다. 걱정을 멈추고 현재를 살면, 인생이 얼마나 술술 풀리는지 보고 놀랄 것이다. 인생에 생기는 문제들에 현실적으로 대처하게 될 것이다.

> 소중한 순간을 고통스러운 과거나 오지 않은 미래에 관한 생각으로 허비하지 말라.

부정적인 생각이 떠오르면, 그건 그저 생각일 뿐이나 두려워할 필요가 없다는 점을 이해하라. 과거에서 배운 다음에는 무슨 수를 써서라도 그걸 놓아줘라. 한 번에 하나씩 차근차근 해나가면 미래는 좋아질 거라는 점을 인식하라. 조급하게 굴지 마라. 미래가 곧 여기에, 즉 당신의 현재에 당도할 것이다.

12

나를 지키는 감정을
선택하라

불행이 어떻게 마음을 차지하는지, 그리고 그걸 극복하는 방법은 무엇인지 이해하는 좋은 방법은 다음 쪽에 나오는 표를 익히는 것이다.

표의 왼쪽은 건강한 정신 작용을 나타낸 것이다. 건강한 정신은 타고난 것임을 기억하라. 건강한 정신은 우리 삶에서 뭐가 잘못됐는지 적극적으로 분석하거나 생각하지 않고, 우리의 삶에서 흠을 잡지 않는 마음을 가리킨다. 건강한 정신 작용은 기분 좋게 느껴지고, 행복, 자존감과 안녕을 촉진한다. 인생이 만족스럽게 느껴질 때, 인생이 '그냥 딱 좋게' 느껴질 때, 우리는 단순하고,

건강한 정신 작용	분석적인 마음
현재를 산다	과거나 미래에 산다
인생을 즐기는 것에 집중한다	인생을 개선하는 방법에 집중한다
마음이 맑고 자유롭다	마음이 걱정과 근심으로 가득하다
무해함을 본다	악을 본다
삶의 아름다움에 집중한다	추함에 집중한다
현재 상태에 만족한다	개선할 수 있는 부분에 집착한다
인생을 경험한다	인생을 분석한다
내려놓는다	집착한다
흐르는 생각	컴퓨터처럼 생각
할 수 있는 것에 집중한다	할 수 없는 것에 집중한다
실수에서 배우고 나아간다	실수를 곱씹으며 반복한다
열리고 수용적인 태도	폐쇄적이고 편견에 찬 태도
긍정적인 태도	부정적인 태도

수월하고, 자연스러운 심리 상태인 것이다. 이는 신비롭거나 인위적으로 만들어낸 상태가 아니라 자연스러운 상태다. 우리가 항상 자신의 건강한 정신 작용을 인식할 수는 없지만 그것은 우리의 내면에 항상 존재한다. 그것은 우리의 마음을 지배하는 부정적이고 불안한 생각의 이면에 깔려 있다. 건강한 정신 작용을 막는 유일한 장애물은 우리가 심각하게 받아들이는 마음속 생각이다.

지금 당신의 머릿속을 조심스럽게 비울 수 있는지 한번 살펴보라. 긴장을 풀어라. 특별히 무슨 생각을 하려고 하지 말라. 생각이 머릿속에 들어오면 그냥 지나가게 놔둬라. 그들을 그냥 하나의 생각으로 보고 흘러가게 놔둬라. 지금 기분이 어떤가?

표의 오른쪽은 분석적인 마음을 나타낸 것이다. 분석적인 마음도 중요하긴 하지만, 거기에 자연스러운 면은 하나도 없다. 분석적인 마음에 있는 모든 특징은 학습됐거나 '생각이 중심'이 되는 활동이다. 우리는 자연스럽게 과거나 미래에 살진 않는다. 누군가에게 배워서 그렇게 된 것이다. 문제에 집중하는 성향을 가지고 태어난 것이 아니라 그런 습관을 키운 것이다. 우리는 모두 태어날 때는 편견이 없었다. 누구도 부정적, 비관적, 회의적인 태도를 가지고 태어나지 않았다. 모두 시간이 흐르면서 배운 것이다.

조용한 산과 짖어대는 개

건강한 정신 작용과 분석적인 마음의 차이를 이해하는 데 도움이 될 비유를 들어보겠다. 당신이 지금 산속에서 모닥불 옆에 앉아 있다고 상상해보라. 당신은 혼자 있고 주위는 완벽하게 고요하다. 평화롭고 조용한 곳에 있고 싶어서 산에 왔는데 그 이상을 발견한 기분이다. 그 순간 당신은 삶에 대한 통찰력을 되찾은 것 같고, 새사람이 된 듯한 느낌을 받는다.

그런데 갑자기 멀리서 개 짖는 소리가 들린다. 그 소리에 집중할수록 개 짖는 소리는 점점 더 커지고, 신경에 거슬리기 시작한다. 소리를 무시하려 하지만, 그럴 수 없다. '왜 멈추지 않는 거지?' 당신은 마음속으로 생각한다. '왜 주인이 조용히 시키지 않는 거야?' 멀리서 들려오는 개 짖는 소리가 당신의 평화롭고 고요한 시간을 방해한다. 이제 이 여행이 시간 낭비처럼 느껴지기 시작한다. 당신이 그 전까지 평화와 고요의 순간을 경험하고 있었다는 사실은 잊어버린다.

건강한 정신 작용은 당신이 개 짖는 소리를 알아차리기 전에 경험하고 있던 그 평화와 정적으로 볼 수 있다. 평화와 정적에 복잡하거나 화려한 점은 하나도 없다. 그저 조용하고 근사할 뿐이다. 당신은 거기에서 영감을 받고 활기를 되찾은 느낌을 받는다. 당신에겐 통찰력이 생기고, 완전한 충만함을 느낀다. 이때 뭔가 생각할 거리가 있다면, 아주 지혜롭고 명료하게 해결할 수 있다. 이때 삶은 단순하고 아름답다. 당신의 눈에는 문제가 아니라 답이 보인다.

분석적인 마음은 멀리서 들리는 개 소리와 같다. 당신이 그

스톱 씽킹

것에 더 집중할수록, 그것은 머릿속에서 천둥 치는 소리처럼 들릴 것이고, 의식을 장악하고 평화와 정적에서 관심을 빼앗아가는 것처럼 느껴진다. 그 소음이 당신에게 이렇게 소리치는 것처럼 들린다. '정적을 즐기지 말고, 내 소리를 들으란 말이야.' 분석적인 마음은 당신의 관심을 애걸하며 시끄럽게 짖는 개와 같다. 그것은 당신의 관심을 차지하고 싶어 한다. 자기 말고는 당신이 다른 어떤 것에도 관심을 주지 못하게 막는다.

건강한 정신 작용과 분석적인 마음 둘 다 현재에 존재한다. 앞의 비유에서 고요한 산은 여전히 그 자리에 있다. 그건 결코 그 자리를 떠난 적이 없었다. 하지만 멀리서 들리는 소음에 흐려지거나 가려져버렸다. 흥미롭게도 개가 짖는 소리(당신의 분석적인 마음)는 당신이 그 소리를 듣기 전에도 있었다. **마치 시계추처럼 당신은 그 정적과 개 짖는 소리 사이에서 이쪽저쪽으로 흔들리고 있다.** 그 정적은 항상 그 자리에 있으면서 당신에게 평화를 가져다준다. 개 짖는 소리도 항상 그 자리에 있고, 그것이 당신을 돌게 만든다. 둘 다 그 자리에 있지만 당신의 관심과 생각할 수 있는 능력이 어떤 경험을 할지 결정한다. 당신은 소음을 듣는가, 아니면 정적을 듣는가? 모든 것은 당신에게 달려 있다.

아이들로 가득 찬 공원을 살펴보라. 그리고 우리 모두 한때 아이였다는 사실을 기억하라. 아이들은 자연스럽게 서로 잘 어울려 논다. 가끔 다투고 싸우기도 하지만, 결국엔 같이 재미있게 놀 방법을 찾아낸다. **아이들은 자신이 저지른 실수를 곱씹지 않으면서도, 실수에서 배울 수 있는 어마어마한 능력이 있다.** 아이들은 말다툼을 할 때도 상대를 존중하고, 서로를 동등하게 대한다. 아이들은 삶에서 아름다움을 보고, 사실상 모든 것을 즐거움과 웃음의 근원으로 본다. 아이들은 당신이 흑인인지 백인인지 장애인인지 상관하지 않는다. 아이들은 자신의 행복을 자신의 은행 계좌에 있는 금액이나 부모의 은행 계좌에 있는 돈의 액수를 토대로 판단하지 않는다. 아이들은 새로운 생각에 열려 있다. 만약 아이에게 뭔가를 할 수 없다고 하면, 그 아이는 자신이 할 수 있는 다른 걸 찾을 것이다. 이는 사람에게 타고난 자연스러운 자질이다. 그걸 방해하는 유일한 장애물은 바로 자신의 생각뿐이라는 점을 인식하면 누구나 아이와 같은 본성을 되찾을 수 있다.

이 말이 아이들은 항상 행복하다는 뜻일까? 물론 아니다! 아이들도 지독하게 성질을 내고, 매우 이기적이며 자기중심적이고, 거의 모든 일에 부루퉁해하기도 한다. 아이들도 인간이기 때문에 항상 행복하진 않다. 아이들도 어른들처럼 자신의 생각에 반응한다. 하지만 아이들과 어른들의 차이는 아이들은 속이 상하면 그냥 속상해하면서 살아간다는 점이다. **아이들은 스스로를 우울하거나 화가 난 사람이라고 꼬리표를 붙이지 않는다.** 자기가 한 생각 때문에 속이 상하긴 했지만, 그 부정적인 생각을 고수해서 문제를 복잡하게 만들지 않는다. 아이들은 직감적으로 무슨 생각 때문에 속이 상했건 그건 생각에 불과하다는 점을 알아차린다. 자신을 속상하게 한 구체적인 내용은 중요하지 않다. 바로 그런 면 때문에 아이들의 마음은 보호받는다. 그것이 형제자매나 부모와의 말다툼 때문이었거나 뭔가 하려다 실패한 일이었거나 뭐든 상관없다.

중요한 점은 아이들은 기억에 집착하지 않고 현재에 충실하다는 것이다.

인생의 추

항상 행복하진 않지만, 그럼에도 우리는 모두 행복한 쪽을 향해 자연스럽게 기울어지는 성향을 가지고 태어났다. 누구나 자연스러운 호기심, 성장하고 배우고자 하는 욕망을 가지고 태어났다. 우리는 열려 있고 수용하는 태도, 순수하고 건강한 유머 감각을 가지고 태어났다. 우리는 주변 환경에서 아름다움을 보는 감각을 가지고 태어났다. 우리가 생각은 그저 생각일 뿐이라는 점을 인식하고 부정적인 생각이 드리우는 그늘을 제거한다면, 우리는 아이 같은 태도를 되찾고 다시 기분이 좋아질 것이다.

하지만 우리는 성장하면서 분석적인 마음, 각자의 독특한 생각 체계를 키우게 된다(7장을 참고하라). 간단히 말해서 우리의 관찰, 생각, 지성의 힘을 통해 우리가 살아가는 세계를 이해하려고 한다. 삶의 요소들을 여러 범주로 나누고, 사람들, 장소들, 물건들에 꼬리표를 붙이고, 삶의 태도를 개발한다.

우리의 생각 체계에는 아무 문제가 없다. 생각 체계는 반드시 있어야 하고 자기의 인생에 대한 각자의 해석은 현실적이다. 그것이 발전하면서 우리는 눈으로 본 것을 마음으로 이해하려고 노력하게 된다. 문제는 그것에 의문을 갖기가 아주 어렵다는 것이다. 그래서 당신은 뭐든 생각하는 것을 그대로 믿는 경향이 있다.

> 진정한 자유는 생각이 만들어낸 삶의 모습을 조금이라도 불신하기 시작했을 때 찾아온다.

그렇게 하면, 우리는 자연스럽게 좀 더 깊고 현명한 자신의 목소리, 즉 건강한 정신 작용의 목소리를 듣게 될 것이다.

모든 사람에게 건강한 정신 작용과 학습된 마음 상태 둘 다 있다는 사실을 인식하는 게 중요하다. 우리의 추는 건강한 정신 작용과 분석적인 마음 사이에서 하루에도 몇 번씩 흔들린다. 양쪽 모두 인간으로 살아가는 데 필수적인 부분이다. 하지만 행복해지기 위해 우리는 자신의 생각 체계를 불신하는 법을 배워야 한다. 또한 우리의 관심을 건강한 정신 작용으로 돌리는 법을 배워야 한다. 쉽게 말하자면 경험이 마음에 들지 않을 때 추를 흔드는 것이다. 건강한 정신 작용이 생각 체계만큼이나 실제로 존재하며 우리의 행복과 마음의 평화에 필수적이란 사실을 알아차려야 한다.

하지만 건강한 정신 작용을 경험하고 있을 때도 우리는 여전히 여러 가지 생각에 빠진다. 만약 당신이 머릿속에 들어온 어떤 생각을 따라간다면, 당신은 그 추를 반대 방향으로 흔드는 위험에 처한 것이다. 우리의 목표는 스스로 어떤 생각의 흐름을 좇아가는지 의식하는 것이다.

우리는 그 추를 다시 생각 체계로 돌릴지, 그것을 언제 돌릴지 스스로 결정해야 한다.

우울한 사람들은 대부분 자신이 항상 우울하다고 믿는다. 하지만 내 경험으로 보면 그건 사실이 아니다. 심지어는 심각하게 우울한 사람들도 추가 흔들리는 순간, 하루 중 건강한 정신 작용을 경험하는 순간이 있다. 30초 정도 내면의 평화가 존재한다면 추가 흔들리고 있는 순간이다. 과거에 우울했지만 지금은 행복한 사람들이 내게 이런 말을 했다. "과거를 돌이켜보면 내가 순간순간 건강한 정신 작용을 경험했다는 사실을 알 수 있습니다. 그저 그걸 인식하지 못했던 것뿐이죠." 그런 순간들은 분명 존재한다. 하지만 당신이 그걸 알아차리지 못한다면, 불안한 생각 하나가 당신의 마음을 자극해 다시 반대쪽으로 돌아가게 만든다. 이 역학은 아주 빨리, 지극히 기계적으로 일어나기 때문에 당신은 항상 우울하다는 잘못된 결론을 낸다.

분석적인 마음에 갇혀 있을 때를 인식하는 것보다 건강한 정신 작용의 상태에 있을 때를 인식하는 것이 훨씬 더 중요하다. 건강한 정신 작용이 우리 삶에 불러일으키는 긍정적인 면들을 인식할 수 있기 때문이다. 그것은 기분이 좋다는 것이 어떤 느낌인지 익숙해지도록 돕는다. 여기에는 분명 도미노 효과가 있다. 1분간의 긍정적인 느낌이 또 다른 1분으로 이어지고, 또 다른 1분으로 이어지고 이런 식으로 말이다.

부정적인 느낌도 동일한 도미노 효과가 일어난다. 부정적인 느낌을 곱씹을 때 우리는 기분이 얼마나 나쁜지 생각한다. 그 생각에 정신을 집중하는 것은 사실상 부정적인 감정이 더 커지라고 부추기는 거나 마찬가지다. 기분이 좋아지길 원한다면 좋은 기분을 감지한 후에 그것을 따라가는 법을 배워야 한다.

우리가 분석적인 마음에 갇혀 있는 걸 발견했을 때(표의 오른쪽에 갇혀 있는 걸 알아차렸을 때), 할 수 있는 최선은 생각을 중단하고, 머리를 비우고, 긴장을 푸는 것이다. 문제는 명확하다. 당신은 자기가 하는 생각에 사로잡혀 있다. 그 외에 다른 건 알 필요가 없다. 그 생각의 주제가 무엇인지는 중요하지 않다. 중요한 건 당신이 사로잡혀 있다는 사실이다. 잘못된 점을 분석하는 행동은 문제를 악화시킬 뿐이다. 무슨 생각을 하고 있건, 그것을 연구할수록 그것은 당신의 마음속에서 계속 더 커질 것이다. 그것이 커질수록 기분은 점점 더 나빠질 뿐이다. 당신은 무의식중에 추가 분석적 마음에 고정되라고 그 위에 시멘트를 바르고 있는 셈이다.

우리에게 건강한 정신 작용과 분석적인 마음 둘 다 있다는 사실은 통제할 수 없지만, 관심을 주로 어디에 쏟을지 선택하는 것은 통제할 수 있다. 현실적으로는 건강한 정신 작용보다 지성을 이용하는 것이 훨씬 더 나을 때가 많다. 새로운 기술을 배울 때, 결산을 할 때, 전기 제품을 수리할 때, 전화번호를 기억하려 할 때, 어디다 차를 놔뒀는지 기억하려고 할 때가 그런 예들이다. 이런 경우에, 생각하는 마음에 집중하는 것은 필요하고 바람직하다. 하지만 놀랍게도 마음속 '컴퓨터'를 끄고 사는 것이 훨씬 더 잘 사는 길이다.

인생을 분석하면서 동시에 즐길 수는 없다.

장미 옆을 지나갈 때, 달려간다면 장미의 향기를 맡을 수 없다. 처음 본 사람들을 편견에 따라 예단하면서 그들과 즐겁게 시간을 보낼 수는 없다. 단순 반복적인 일들이 얼마나 쓸모없는지 생각하면서 그런 일들을 재미있게 할 수는 없다. 앞으로 무슨 일이 일어날지 걱정하면서 느긋한 마음을 가질 수는 없다. 타인과 나를 비교하면서 일을 즐길 수는 없고, 하루 종일 걱정을 하면서 주말이나 휴가를 온전히 즐길 수는 없다.

완전히 다른 인생(예를 들면 우울증이 없는 인생)을 경험하는 비결은 매 순간(특히 우울증이 다가올 것처럼 보이는 순간) 추가 흔들리며 동시에 선택의 순간이라는(8장 참고) 사실을 알아차리는 것이다. 나쁜 기분에 집중하는 것은 심리적 저울의 추가 부정적인 쪽에 머무르게 해서, 그것이 우리 옆에 영원히 머무르길 바라며

스톱 씽킹

보살펴주는 것과 같다. 우리는 추를 반대 방향으로 돌아가게 만들 수 있다. 부정적인 기분을 무시하고(처음에는 어려울 것이다), 그저 생각이 만들어낸 것일 뿐이라는 사실을 알아차리고, 추를 다시 건강한 정신 작용으로 돌리는 것이다. 우울을 경험하지 않는 부분, 평화와 애정을 느끼는 부분, 지혜로 가득 찬 부분으로 돌아가게 만드는 것이다.

유일하게 당신을 패배시키는 것은 당신의 노력이 중단된 경우다. 처음 몇 번 우울한 기분에 굴복하려는 순간에 도전했을 때 당신은 즉각적이거나 강한 변화를 느끼지 못할 수도 있다. 그 이유는 그 생각을 충분히 내려놓지 않았기 때문이다. 하지만 계속 노력하면 점점 더 쉬워진다. 원하지 않는 감정을 무시하는 법을 연습하고 원하는 방향으로 나아가면, 곧 기분이 바뀌는 게 느껴질 것이다.

그 요령을 익히고 관심의 초점을 통제하는 법을 연습하면, 당신은 인생이 정말 추와 같다는 걸 알게 되고, 이 모든 것이 당신의 선택의 문제란 걸 알게 될 것이다. 의식의 변화, 기분의 변화를 하루 종일 경험하게 될 것이다. 그런 변화는 아무런 해가 없으며 사실 꽤 자연스럽다. 그 역학을 이해하고, 추의 자연스러운 움직임과 협력하는 법을 연습하면, 자신의 감정을 점점 덜 두려워하게 될 것이다. 원하지 않는 감정들은 없애고, 당신이 원하는 감정들은 보살펴서 키울 것이다.

감정이 당신의 안내자다

감정은 언제 어느 때고 마음이 어느 편에 있는지 알려줌으로써 우리가 언제 추를 조정해야 하는지를 알려준다. 만약 우리가 평화롭고, 평정을 잃지 않고, 만족스럽고, 균형이 잡혀 있고, 행복하고, 유능하고, 흡족해하고 있다면, 정서적으로 건강한 편에 있는 것이다. 이때는 어떤 조정도 필요 없고 계속 그렇게 살면 된다. 이편에서 우리는 훌륭한 결정을 하고, 스스로에게 가장 이익이 되는 쪽으로 신경을 쓰고, 친절하고, 사려 깊고, 같이 있기 편한 사람이 될 것이다. 결정해야 순간에는, 그 결정이 힘든 것이라 하더라도 신중하게 올바른 선택을 할 것이다.

하지만 우울하고, 신경 쓰이고, 불안하고, 좌절하고, 서두르고, 방어적이고, 질투하고, 화나고, 겁이 나거나 옴짝달싹 못하고 있다면, 저울에서 좀 더 익숙한 쪽으로 옮겨간 상태라는 걸 당신의 감정이 알려주는 것이다.

감정의 저울에서 익숙한 쪽에 있는 건 절대 나쁜 게 아니다. 다양한 감정을 느끼는 게 절대 적절하지 않거나 중요하지 않다는 게 아니다. 다만 이런 감정들은 생각이 만들어낸 것이고, 학습된 것이라는 점을 알아차리는 게 중요하다. 예를 들어 당신이 방어적으로 느끼는 걸 배우지 않았다면 그렇게 느끼지 않을 것이다. 당신을 그런 식으로 느끼게 만드는 특성은 타고난 것이 아니다. 비관주의도 마찬가지다. 그것이 어떻게 생겼건, 당신은 비관적인 사람이 되는 법을 학습한 것이다.

얼마나 자주 혹은 얼마나 오랫동안 분석적인 마음에 시간을 쓰는지를 가지고 자신을 평가할 필요는 없다. 점수를 매기는 사람은 없다. 사실 점수를 덜 매길수록, 추를 올바른 방향으로 두기가 더 쉬워질 것이다. 다만 정서적으로 어느 지점에 있는지 아는 것이 중요하다. 당신이 자신의 감정을 자신에게 유리하게 이용하고, 언제 정상 궤도를 벗어났는지 알아차린다면, 적어도 대안을 찾아볼 기회가 있는 셈이다. 반면 그 감정이 거기 있다는 이유만으로 빠져든다면, 대안은 존재하지 않는다. 부정적인 감정을 경험할 때마다 당신은 생각과 씨름을 해야 할 것이다.

부정적인 감정이 정서적으로 정상적인 궤도를 벗어났다고 경고할 때, 당신은 마음에서 주의를 돌려 해법이 존재하는 건강한 정신 작용을 향해 가게 이끌 것이다. 거기서 통찰력을 얻고 해답을 찾아낼 것이다.

부정적인 감정일지라도 당신의 안내자가 될 수 있다. 부정적인 감정에 관심을 기울이면서도 절대 곱씹지 않음으로써 그걸 이용해서 정서적 추를 유리한 쪽으로 흔들 수 있다. 감정적으로 괴로울 때 생각하는 마음에서 관심을 돌리면 당신의 인생은 다시 진정되고 아름다워질 것이다. 힘든 시기도 그렇게 나빠 보이지 않을 것이고, 분명 오래가지 않을 것이다. 심지어 우울할 때도 꽤 편안해질 수 있다. 다시 위로 올라가는 것은 시간문제라는 걸 알기 때문이다.

스톱 씽킹

13

슬픔과 상실

슬픔은 삶의 자연스러운 일부다. 슬픔은 잘못된 감정이 아니다. 슬픔은 상실감이나 실망을 느꼈을 때 항상 따라온다. 예를 들어 아이가 사고로 다쳤다고 생각해보자. 이때 당신이 슬픔을 느끼지 않기란 불가능하다. 당신이 느낀 슬픔에는 걱정, 연민, 그리고 아마 감사하는 마음도 있을 것이다. 이런 면에서 슬픔은 아주 긍정적인 감정이다. 그것은 당신이 가진 것이 뭔지, 때로는 당신이 가졌던 것이 무엇인지 일깨워준다. 슬픔은 달아나거나 숨어야 할 대상이 아니다. 현실이고 중요한 감정이다. 슬픔은 우리의 삶에 심오한 깊이를 더해준다.

슬픈 느낌은 왔다가 간다. 영원히 우리 곁에 머물러 있지는 않으며 반드시 절망이나 무력감으로 이어지지도 않는다. 슬픔이 불행이나 우울함이나 무력감으로 변하려면, 당신이 경험하고 있는 그 일에 관한 생각에 집착해야 한다. 예를 들면 아이가 겪은 사고에 대한 슬픔을 느끼고 나서 앞으로 나아가는 대신, 그 생각에 압도되고 그 일에 관한 생각을 계속하거나 혹은 부풀리는 것이다. '맙소사, 만약 아이의 상태가 나아지지 않으면 어떻게 하지?' 같은 생각이 당신의 머릿속을 채우기 시작하는 것이다. 그 사건에 대해 따라붙은 이런 생각에 관심을 쏟을수록, 당신의 진정한 슬픔은 부정적인 심리 상태로 완전히 바뀌어버린다.

진정한 슬픔은 사랑의 느낌으로 이어질 수 있지만, 불행에 사로잡히면 대개 자기 연민과 무력감에 빠지게 된다. 우리가 이 슬픔이란 감정에 사로잡혀 마비되는 대신 이런 감정을 느끼는 것이 당연하고 심지어 바람직하다는 점을 알게 되면, 부정적인 사건들을 완전히 새로운 방식으로 경험하게 될 것이다. 그러기 위해서는 그 슬픈 감정을 계속 살아 있게 만드는 생각들을 떨쳐버리는 연습이 필요하다.

고통스러운 사건이 일어났을 때, 예를 들어 관계가 파탄 난 경우, 우리는 갈림길에 서게 된다. 한쪽 길은 '높은 길'로서 성장과 감사로 이어진다. 또 다른 길은 '낮은 길'로서 곧바로 감정의 쓰레기장으로 향하게 된다. 당신이 택하는 길은 전적으로 그에 대한 당신의 이해 수준에 달려 있다.

높은 길로 가면 상실감을 느끼지만 '왜 하필 나야?' 이런 생각이 머릿속에 들어올 때 떨쳐버릴 수 있다. 여전히 당신은 슬픔을 느끼겠지만, 그 슬픔의 혹독함과 지속 기간은 한계가 있고, 슬픔이 부정적인 심리 상태로 변하진 않는다. 이런 생각들을 부인하는 게 아니다. 다만 건강한 정신 작용과 다시 연결되기 위해서 자신의 부정적인 생각들을 떨쳐버리는 것이다. 그다음에는 마음속의 지혜가 뭘 해야 할지 알려줄 것이다.

낮은 길로 가도 슬픔을 느낀다. 하지만 동시에 머릿속에 계속 들어오는 고통스러운 생각에 주의를 기울인다. 의식적으로 그런 생각들을 떨쳐버리겠다고 결심하지 않는 한, 그 생각들은 계속 서로에게 먹이를 줄 것이다. '왜 하필 나야?'란 생각에 이어 다른 부정적이고 고통스러운 생각들이 마치 눈덩이처럼 커지며 따라올 것이다. 한 생각이 다른 생각으로 이어지는 과정이 계속되고 곧 당신의 마음 전체는 슬픔과 자기 연민으로 가득 찰 것이다.

이 역학을 피할 수 있는 유일한 방법은 머릿속에 들어오는 슬픈 생각들을 떨쳐버리겠다고 의식적으로 결심하지 않으면 이 감정에 압도될 것이라는 점을 인식하는 것이다. **진짜 힘든 상황은 슬픈 생각 하나가 열 개의 슬픈 생각으로 불어날 때다.**

사람들은 대부분 어떤 일들, 예를 들어 사랑하는 이의 죽음이나, 불치병에 걸리거나, 누군가와 헤어지거나 이혼 같은 일들이 일어날 때 우울해하고, 어쩔 줄 몰라 하거나, 좌절하거나 꼼짝 못하게 되는 것이 자연스럽다고 믿는다. 그러나 꼭 그렇진 않다. 슬픔을 느끼는 것은 자연스러운 일이지만 슬픔이 꼭 전면적인 부정성으로 바뀔 필요는 없다.

상실

상실과 같이 고통스러운 일이 우리의 인생에 일어날 때마다, 우리는 아주 자연스럽게 그 일에 관한 생각을 하게 된다. 이런 생각들은 대체로 후회, 혼란, 혹은 상실로 가득 찬 고통스러운 것들이다. 이런 생각의 구체적인 내용은 물론 사람마다 다를 것이다.

고통스러운 생각 또한 다른 생각들과 마찬가지로 당신의 마음에 들어왔다가 시간이 흐르면 의식에서 떠나간다. 예를 들어 사랑하는 사람을 잃은 후 당신은 이런 생각을 할지도 모른다. '다시는 그를 보지 못하겠구나. 그가 그리울거야.' 그런 생각을 하게 되면 그에 상응하는 감정을 느끼게 될 텐데, 이런 경우엔 슬픔이 자연스러운 감정이다.

생각의 본질은 왔다 간다는 점이다. 이 경우에 '다시는 그를 보지 못하겠구나. 그가 그리울 거야'란 생각은 당신의 의식에서 떠나가고 1분 후에 당신은 다른 생각을 하게 될 것이다. 새로 떠오른 생각은 당신의 상실감과 관련됐을 수도 있고, 아닐 수도 있다. 당신은 여러 생각이 떠올랐다가 자연스럽게 사라지는 걸 보면서 그런 생각들이 아무 해도 끼치지 않는 사실을 알게 될 것이다.

이렇게 사라지는 생각의 본질을 알게 되면 그런 생각들이 좀 더 빨리 당신의 마음을 스쳐 지나가게 할 수 있다. 다시 말하면, 당신은 자신의 고통스런 생각들이 일시적이란 사실을 알고 있기 때문에 그것은 당신의 심리 상태에 부정적인 영향을 덜 미치고 그리 오래 머물러 있지 않게 된다. 또한 그런 생각이 일시적이란 걸 알기 때문에 거기에 관심을 덜 기울일 수 있다.

이런 생각들이 떠올랐다가 이내 흘러가게 놔두는 대신 당신이 그 생각들에 집착하고 지나치게 관심을 기울여서 의미를 부여하고 현실로 만들면, 그것이 결국엔 당신의 마음속에 오래 머물러 있다가 결국 우울증이 된다.

슬픔과 상실에 대처하기

세라는 아버지가 돌아가신 후 몇 달 동안 실의에 빠져 있었다. 상담치료를 받을 때 세라는 슬픔은 자연스럽고 필요한 감정이며, 계속 '자신의 감정과 접해야' 한다는 말을 상담치료사에게 들었다. 이 충고가 부분적으로 맞는 말이긴 하지만, 그 상담치료사는 세라에게 돌아가신 아버지에 대해 세라가 품고 있는 생각 하나만으로 슬픔의 정도가 결정된다는 말은 하지 않았다. 세라는 아버지의 죽음에 대해 생각할 때 슬픔을 느꼈지만, 일상에서 다른 생각을 할 때는 슬픔을 느끼지 않았다. 다시 말해 슬픔 그 자체는 세라의 인생에서 영원히 지속되지 않는다. 그것은 계속 끊임없이 변하는 하나의 현상일 뿐이다.

세라는 자신의 감정과 접하는 법을 배우긴 했지만, 유감스럽게도 세라가 배운 건 그게 전부였다. 세라는 자신의 고통스런 감정과 너무나 깊게 연결된 나머지 다른 감정은 전혀 느낄 수 없었다. 상담치료사에게 도와달라고 했을 때 세라는 이런 대답을 들었다. "당신은 자신의 고통에 충분히 깊이 들어가지 않았습니다."

세라가 내 상담소에 왔을 때 세라는 내가 가르치는 원칙들이 '진짜 심각하고 현실적인 문제'에도 적용이 되는지 알고 싶어했다. 세라와 작업하는 건 아주 간단했다. 나는 슬픔이 때로는 감당할 수 없을 정도로 압도적일 때도 있지만, 또 어떨 때는 그 슬픔이 줄어들고, 때로는 전혀 느껴지지 않을 수도 있다고 말해주었다. 가끔은 슬픔이 없을 때도 있다는 말이 세라에게는 아주 큰 의미가 있었다. 세라는 이전 상담치료에서 기분이 나쁘지 않으면, 자신의 진짜 감정에 충실하지 못한 거라는 말을 들었기 때문이다! 그래서 항상 죄책감을 느끼면서 자신의 고통스런 생각에 집중했다. 그래야 '제대로 아버지의 죽음을 슬퍼하고' 있다는 뜻이라고 생각했다. 하지만 세라는 내내 자신의 감정에 충실했다. 세라가 이해하지 못했지만 알아야 했던 점은 부정적인 느낌은 자신의 아버지에 대해 생각할 때만 존재한다는 것이다. 세라는 항상 나쁜 감정을 느끼진 않는 게 건강하고 자연스러운 일이란 사실을 몰랐다. 슬픔은 사람이라면 모두 겪는 아픈 감정이지만 항상 느껴야 하는 감정은 아니라는 것을 알게 됐다. 오직 부정적인 감정만이 당신의 '진짜' 감정이라고 믿는 건 어리석은 일이다.

이를 깨닫고 세라는 크게 안도했다. 세라는 슬픔이란 독립적으로 존재하며 영원한 것이라고 믿고 있었기 때문이다. 하지만 나와의 상담 이후 세라는 자신이 느끼는 기분은 일시적이고 항상 변하는 것이란 사실을 이해하고, 그런 감정 때문에 두려워하거나 우울해하지 않는 법을 배웠다. 세라는 격렬한 슬픔 때문에 억눌러왔던 아버지에 대한 고마움을 키웠다.

세라의 부정적인 감정이 현실이 아니라거나 옳지 못하다는 말이 아니다. 그런 감정은 물론 현실이고 옳기도 하다. 하지만 세라는 자신의 생각에 압도당해서 아버지에 대한 아름다운 감정을 잊었다. 세라는 따뜻하고 고마운 느낌으로 아버지를 기억하고 싶었다. 다행히 세라는 이제 그렇게 할 수 있게 됐다.

당신이 생각하는 내용은 중요하지 않다

누구에게나 남들에게 들려줄 자기만의 독특하고 중요한 사연이 있다. 사람들은 자기 인생의 구체적인 세부 사항들, 특별한 사건과 일들이 있다고 느끼면서 왜 그들이 불행하다고 느끼는지 설명한다. 그들은 자신의 과거, 현재 상황, 그들이 가진 문제들 혹은 불안한 미래를 자신이 겪는 고통의 원인으로 지적한다.

어떤 사람은 차 사고로 배우자를 잃었고, 어떤 사람은 어렸을 때 따돌림을 당했다. 둘 다 의심의 여지 없이 고통스럽고 힘든 상황이다. 하지만 배우자를 잃은 사람은 자신의 건강한 정신 작용을 인식하고 그 사고에 대한 생각이 머릿속을 지나가게 놔두었고, 어렸을 때 따돌림을 당한 사람은 그 과거에 집착하고 있었다. 그 결과 배우자를 잃은 사람이 따돌림을 당했던 사람보다 훨씬 좋은 기분을 느끼고 인생을 즐기며 살 수 있었다. 문제는 자신의 생각과 어떤 관계를 맺느냐다. 그런 생각들이 왔다 가게 놔둘까, 아니면 그런 생각에 관심을 지나치게 기울여서 계속 마음에 간직할 것인가?

이 점을 명심하면 좋겠다. 배우자를 잃은 그 사람은 그 사건 자체가 끔찍하게 고통스럽다는 사실을 부인하거나 괜찮은 척하지 않았고, 그 사건에 대한 기억도 고통스럽지 않은 척하지 않았다. 그 사람은 그냥 자신의 생각과 감정을 인정하고, 자신에게 그 생각이 왔다 가는 걸 놔둘 수 있는 잠재력이 있다는 걸 알았다. 자신이 건강한 정신 작용을 하고 있을 때는 기분이 괜찮을 것이고, 남편에 대한 기억이 영감을 주는 경험이 될 거라는 점도 알았다. 만약 그가 자신의 건강한 정신 작용과 생각을 내려놓을 수 있는 능력을 모르고 그 생각들을 고수하려 했다면, 그는 분명 그 지나가는 생각들을 부정적인 감정으로 변화시켰을 것이다. 그런 생각에 집착하면 할수록, 그의 회복은 더 고통스러웠을 것이다.

심지어는 심리치료사조차도 그에게 자꾸 그걸 생각하고 이야기하도록 격려해서 '피해자'를 다치게 할 수 있다. 당신에게 일어난 고통스런 사건들에 대해 이야기하거나 생각하는 것은(이것은 이제 이미지에 불과하다) 자유롭고 영감을 주며 심지어 아름다운 일이다. 하지만 고통 속으로 들어가기 위해 그 고통스런 사건에 대해 생각하고 토론하는 것은 굉장히 위험하다. 그것은 사랑하는 이의 상실 같이 이미 불행한 사건을 악몽으로 만들 수 있다.

잠시 다섯 살 짜리 아이가 당신에게 자신의 책장 뒤에서 살고 있는 '나쁜 남자'에 대해 이야기한다고 상상해보자. 당신은 그 아이에게 그 나쁜 남자가 어떻게 생겼는지, 그가 뭘 하는지, 그가 왜 그렇게 무서운지 자세히 설명하라고 시키겠는가? 당신은 그 아이에게 똑같은 질문을 매주, 몇 년 동안 계속하겠는가? 물론 아닐 것이다. 당신이 그렇게 하지 않는 이유는 당신이 아이의 상상을 현실로 느껴지게끔 만들 것이기 때문이다. 자신의 생각을 두려워할 필요가 없다는 점을 아이가 알 수 있도록 돕는 것이 아이에겐 훨씬 유익할 것이다.

아주 오래전에 나의 절친과 그의 여자 친구가 내 결혼식에

오는 길에 음주 운전자가 모는 차 사고에 휘말려 목숨을 잃은 비극이 있었다. 이것은 진정 비극적인 사건이었고 내 인생에서 평생 잊지 못할 것이다. 우리의 우정이나 상실과 슬픔에 대한 생각이 거의 매일 내 머릿속을 스쳐 지나간다.

심지어는 수년이 지난 후에도 이런 생각이 떠오를 때면 순간적으로 슬프거나 상실감을 느꼈다. 하지만 이런 생각들이 스쳐 지나갈 때 나는 이것들이 그저 지나가는 생각일 뿐이라는 사실을 알고 있다. 나는 결코 이 생각들이 내 마음속에 떠오르지 않는 척하거나, 이 생각들이 사라지길 바란 적은 없었다. 난 다른 생각들을 흘려 보내는 것처럼, 이 생각도 그렇게 한다. 난 이것들이 그저 생각에 불과하다는 사실을 절대 잊지 않는다. 이것 때문에 내가 친구에게 느끼는 사랑이나 그에 대한 고마움이 줄어들진 않는다. 사실 그 반대다. 그를 생각해도 두렵지 않고, 그것 때문에 우울하지 않을 수 있기 때문에 그의 기억을 소중하게 마음에 품을 수 있다. 만약 내가 친구에 대한 내 생각을 두려워하거나 지나치게 슬퍼한다면 그에 대한 생각을 피했을 것이다. 그랬다면 그에 대한 내 고마운 마음은 줄어들었을 것이다. 친구를 위해서도 난 결코 그런 선택은 하지 않을 것이다.

생각과 감정에 대해 두려워할 건 하나도 없다. 우리는 생각을 있는 그대로 받아들이는 법을 배워야 한다. 생각들의 무해한 본질을 이해하고 있으면, 당신은 자신의 생각과 평화롭게 지낼 수 있다. 마음속에 어떤 생각이 떠오르건 솔직하게 받아들일 수 있고, 그 생각이 좀 더 건강한 방식으로 머릿속을 스쳐 지나가면 부드러운 내면의 평화가 찾아올 것이다. 생각에 두려워하거나 압도되는 대신 통찰력을 유지하게 될 것이다.

당신이 슬픔과 상실처럼 힘든 일에 반드시 대처해야 한다면, 고통스러운 생각도 결국은 떠날 것이란 점을 기억하는 것이 아주 중요하다.

14

질병과 죽음

죽음을 생각할 때와 슬픔과 상실을 생각할 때는 정서적으로 놀랄 만한 유사성이 있다. 차이점은 슬픔과 상실은 이미 일어난 일이지만 죽음은 아직 일어나지 않은 일이라는 점이다.

질병이나 죽음, 혹은 아직 일어나지 않았거나 지금 일어나고 있는 다른 고통스러운 사건에 직면할 때도 이런 생각의 역학은 변하지 않는다. 감정을 만들어내는 것은 여전히 질병이나 죽음에 대한 우리의 생각이지, 병이나 죽음 자체가 아니다. 바로 이점이 인생의 고통스러운 부분을 받아들이고 앞으로 나아갈 수 있는 사람과 같은 사실에 꼼짝달싹하지 못하는 사람들을 구분하는 기준이다. 생각의 역학을 잘 이해하고 있는 사람은 고통을 받아들이는 데도 훨씬 준비가 잘돼 있다.

다른 생각들처럼, 질병과 죽음에 대한 생각 역시 왔다 간다는 사실을 당신은 알아차리게 될 것이다. 언젠가는 자신의 곤경에 대해 생각하고 또 언젠가는 다른 것에 대해 생각하게 될 때가 있을 것이다. 슬프거나 화가 나거나 좌절할 때도 있을 것이고, 기분이 괜찮을 때도 있을 것이다. 중요한 점은 바로 이것이다. 만약 당신의 물리적인 조건이 실제로 당신이 느끼는 감정적 고통을 초래한다면 당신과 비슷한 트라우마를 직면하고 있는 다른 모든 사람은 항상 당신과 같은 정서적 고통에 빠져 있을 것이다. 하지만 현실은 다르다. 당신이 경험하는 고통은 당신의 생각과 함께 왔다 갈 것이다. 당신이 생각과 고통이 맺고 있는 관계를 볼 수 있게 되면 고통을 경험할 때 서서히 긴장을 풀고 고통을 놓아줄 수 있게 될 것이다. 곧 배우자와 사별하게 될 나의 내담자는 그 상태를 이렇게 표현했다.

과거에 나는 머릿속을 스치는 생각의 완벽한 제물이었습니다. 마치 타륜도 없이 폭풍우 속에서 흔들리는 배 같았죠. 하지만 이제는 내가 나라는 배의 선장처럼 느껴집니다. 내 타륜은 내 생각이 내 고통을 만들어냈다는 이해입니다. 난 이제 적어도 내 생각을 어느 정도는 통제할 수 있게 됐습니다. 그렇다고 해서 내가 고통을 겪지 않는다는 말은 아닙니다. 물론 여전히 고통스럽지만 내 시각은 전과 완전히 달라졌습니다. 난 나라는 배를 내가 조종하고 있다는 걸 알고 있습니다. 폭풍우는 아주 많이 잦아들었습니다.

사랑하는 사람이 죽음을 직면하고 있거나 중병을 앓고 있다면, 분명 아주 힘들 것이다. 하지만 우리는 그 사실 때문에 앓고 있는 병에 소모되기보다는 더더욱 남은 생을 평온하고 고요한 마음으로 보내는 법을 배워야 한다. 생각의 역학을 이해하는 것이 내면의 평화를 이루는 방법이다.

죽어가는 사람들을 위로하는 능력으로 유명한 서구의 철학자 람 다스가 암으로 죽어가는 여성과 작업했던 이야기를 들려줬다. 살 날이 몇 주 밖에 안 남은 이 여성은 사실상 자신에게 남은 모든 에너지를 죽음이 얼마나 끔찍한지에 대해 생각하고 토론하는 데 쏟아붓고 있었다. 람 다스는 죽음을 예상하는 문제에 대해 다소 날카로운 언급을 했다. "당신은 죽어가는 데 더 적은 시간을 할애하고 살아가는 데 더 많은 시간을 쓰는 것이 가능할 거라고 생각합니까?" 람 다스가 처음 이 말을 했을 때 그 여성은 기분이 상하고 화가 나 이렇게 대꾸했다. "어떻게 그렇게 둔감하고 잔

인한 말을 할 수 있어요?" 하지만 몇 분이 지난 후 람 다스의 눈에 어린 진심을 보고 그 여성은 그가 한 말의 진의를 알게 됐다. "당신 말이 맞아요. 나는 그동안 죽느라 너무 바빠서 사는 법을 완전히 잊어버렸어요." 일주일 후 그 여성은 세상을 떠났다. 하지만 죽기 전에 람 다스에게 이런 말을 했다. "지난 일주일 동안 나는 그 어느 때보다 살아 있는 것처럼 살았어요."

병으로 고통받거나 죽어가는 사람도 진정한 만족과 내면의 평화를 찾을 수 있다고 말하면 누군가는 비난을 하기도 한다. 대개 이런 질문을 한다. "고통받는 것이 어떤 느낌인지 당신이 어떻게 이해할 수 있겠어요?" 그 사람이 개인적으로 고통받고 있다면 그런 비난은 이해할 수 있다. 하지만 고통받는 사람은 사실 그렇게 고통받고 싶어 하지 않는다는 점을 아는 것이 중요하다. 그들은 남은 시간이 거의 없다 해도 사는 법을 배우고 싶어 한다.

당신이 뭔가를 예상할 때, 심지어는 죽음을 받아들이는 것처럼 어려운 일일지라도, 그건 그저 예상일 뿐이다. 예상한다는 말은 '앞을 내다보며' 앞으로 무슨 일이 일어날지 생각한다는 뜻이다. 죽음을 예상하는 것이 죽음 자체는 아니다. 그저 죽음에 대한 당신의 생각일 뿐이다. 이 순간 죽음은 그저 당신의 마음속에 떠오른 이미지이자 생각일 뿐이다.

스톱 씽킹

중병이나 불치병에 걸리진 않았지만, 병에 걸릴까 봐 두려워하는 사람을 상상해보자. 세상에는 존재하지도 않는 뭔가를 생각하는 데 무수한 시간을 보내는 사람들이 수백만 명 있다. 하지만 그들에게 그 공포는 종종 정말로 병에 걸린 사람들만큼이나 현실적이다. 그게 바로 생각의 힘이다. 당신이 아프건 건강하건, 당신의 생각은 당신을 도울 수도 있고, 당신의 인생을 파괴할 수도 있다. 정서적 건강이라는 면에서 중요한 문제는 육체적 건강이나 처한 환경이 아니라, 우리가 자신의 생각과 맺고 있는 관계이자 우리의 환경에 대한 나의 생각이다. 당신은 마음속에 들어온 모든 두려운 생각에 집중할 것인가? 삶의 소중한 순간들을 죽음을 예감하며 보낼 것인가? 아니면 그 생각들(가장 고통스러운 생각마저도)은 그저 생각에 불과하고 선택하면 언제든 떨쳐버릴 수 있다는 걸 배울 것인가?

현실을 부인하라는 말이 아니다. 아프거나 죽음을 앞두었다면 반드시 진실을 직면해야 한다. 하지만 그 진실을 처한 조건에 대한 지나친 생각으로 오염시킬 필요는 없다. 그렇게 되면 남은 날들이 자신이 덧붙인 고통과 괴로움으로 가득 차게 될 것이다. 누구든 진정으로 경험하는 순간은 현재뿐이다.

삶의 질은 전적으로 자신의 생각과 맺고 있는 관계에 의해 결정된다. 죽음을 예감하고 있거나 병에 대해 생각하고 있는 자신을 깨닫게 된다면, 다른 대안이 있다는 점을 알아야 한다. 우리는 소풍 도시락에 내려앉은 파리들을 쫓아버리는 것처럼 머릿속에 들어온 생각을 쫓아버릴 수 있다. 우리는 사는 법, 현재 이 순간에 정말로 살아 있는 것처럼 사는 법을 배울 수 있다.

만족에 조건을 붙이지 말라

중병이나 불치병을 앓고 있는 사람에게는 사치를 부릴 만한 시간이 없다. 그러니 행복해지는 데 가능하지 않은 조건을 붙이는 실수를 범하지 말라. 예를 들어 '내 병이 사라지면 행복할 수 있어'라는 조건 말이다.

행복의 근원을 밖에서 찾으려고 하면 행복할 수 없다.

만족을 느끼기 전에 어떤 특정한 조건이 충족되어야 한다고 가정하면, 만족을 경험하기란 너무 늦을 것이다. 많은 불치병 환자들이 스쳐 지나가는 순간에 행복이나 만족을 경험한다고 하지만, 조건을 내걸면 그런 좋은 기분을 제대로 알아차리지도 못한 채 흘려보내기 쉽다. 부정적이거나 두려움에 찬 생각이 떠올랐을 때 그 전에 느꼈던 행복한 순간들을 무심코 흘려보내고픈 충동이 들 수도 있다. 하지만 생각이 당신의 행복을 빼앗는 매개체라는 점을 기억해야만 행복하고 건강한 마음 상태에 머무를 수 있다.

현재 상황이 앞으로 더 나아질 것처럼 보이지 않더라도 좋은 기분을 느끼는 건 괜찮다. 걱정스러운 생각이 계속 머릿속에 들어오겠지만 그렇다고 해서 거기에 초점을 맞출 필요는 없다. 돌이켜보면 몸이 건강했을 때도 걱정스러운 생각들로 머릿속이 가득 찼었다는 사실을 기억하게 될 것이다.

건강한 정신 작용과 질병

내면의 혼란은 (당신이 육체적으로 건강하든 그렇지 않든) 언제나 밖으로 나타나게 돼 있다. 떠오른 생각을 너무 심각하게 받아들여서 마치 그 생각이 살아 움직이는 것처럼 부풀릴 때 그렇게 된다. 예를 들어, 당신이 아프다고 가정해보자. 의사가 당신에게 상태가 더 나빠졌다고 말한다. 확실히 이건 유감스러운 소식이지만, 이 순간에도 두 개의 선택권이 있다. 첫 번째는 건강한 정신 작용을 이용해서 이 정보를 한쪽 귀로 듣고, 머릿속을 지나 다른 쪽 귀로 흘려버리는 것이다. 그렇게 하면 마음이 충분히 자유로워져서 이제 어떻게 해야 할지 알게 된다. 더 휴식을 취해야 하나? 다른 의사의 의견을 들어볼까? 다른 행동을 해야 하나? 아니면 그냥 지금 내가 처한 곤경을 받아들이고 매일매일 최대한 충실하게 살아볼까? 어떤 반응을 하건, 건강한 정신 상태에 있는 한 어떤 행동을 취하거나 아무 것도 하지 않을 수 있게 된다. 당신이 어떤 결심을 하건 공황 상태에 빠지거나 자기 연민에 가득 찬 생각을 하며 지나치게 좌절하지 않을 것이다. 건강한 정신 작용 덕분에 당신은 아주 명료한 마음으로 문제에 대한 최선의 해결책을 찾아볼 수 있을 것이다. 건강한 정신 작용을 이용하면 현재를 최대한 음미하고 지금 이 순간에 머물게 된다. 앞으로 일어날 일에 대해 초점을 맞추는 대신, 마음의 평정을 유지할 수 있게 된다. 건강한 정신 작용 덕분에 품위 있게 감사하는 마음으로 매 순간을 살 수 있게 된다.

두 번째 선택은 건강하지 못한 정신 작용으로 이 정보를 받아들이는 것이다. 의사가 전한 정보를 흘려보내는 대신 당신은 '생각의 공격'을 받게 될 것이다. 그래서 감정적으로 마비가 될 정도로 그 소식에 집중해서 분석한다. 그 결과 남아 있는 에너지를 살아가는 데 집중하는 대신, 생각에 몰두하면서 결론을 내리느라 소모하게 된다. '왜 하필 내가 이런 일을 당해야 하지?' 당신은 현재에 머무르는 대신, 최악의 사태를 예상하기 시작한다. 최대한

스톱 씽킹

명료한 정신으로 남은 순간을 보내는 대신, 사랑하는 사람들과 그 순간을 같이 보내는 대신, 끝없이 두려워하느라 진이 빠질 것이다.

건강하지 못한 정신 작용은 아주 사소한 일도 개인적인 악몽으로 바꿔버리기 때문에, 중병이나 불치병과 같은 대단히 충격적인 일에 대처하는 것이 얼마나 힘들지 상상할 수 있다. 건강한 정신을 이용하는 것만이 우리가 가진 최선의 선택이라는 점을 알아차리는 것이 아주 중요하다. 그렇다고 병이 사라지진 않겠지만, 마음은 훨씬 편안해질 것이다.

스트레스와 질병

한스 셀리에Hans Selye는 저서 『일상의 스트레스The Stress of Life』에서 크나큰 좌절이나 무력감 같은 심각한 정서적 긴장으로 인해 스트레스가 일어나는 과정을 설명했다. 이어서 부정적인 감정이 일으키는 몸의 화학반응의 부정적인 영향들을 묘사했다.

자동차의 핸들을 꽉 움켜쥐고 이를 악문다고 해서 거리에 꽉 차 있는 차들 속에서 내 차가 더 빨리 갈 수는 없는 것처럼, 병에 대해 집요하게 생각한다고 해서 병이 사라지진 않는다. 사실,

오히려 그 반대인 것 같다. 스트레스는 몸에 아주 큰 부담을 주고 우리의 필수적인 치유 구조의 많은 부분을 탈진시킨다. 육체적 고통은 한 사람이 살면서 직면하게 될 가장 힘든 문제 중 하나다. 유감스러운 일이지만, 마음이 어떻게 상황을 더 악화시킬 수 있는지 이해하지 않으면, 당신이 겪는 고통스러운 경험은 더 늘어나기만 할 것이다.

병이나 죽음에 대한 생각이 당신의 머릿속에 들어오는 것은 자연스럽다. 하지만 그 생각을 어떻게 처리할지는 당신에게 달려 있다. 생각은 항상 왔다가 간다는 점을 기억하면 도움이 된다. 정신이 맑을 때도 많을 것이고, 느긋하게 쉬면서 인생을 즐길 수 있는 순간도 있다는 점을 알면 희망을 갖게 된다. 생각이 어떻게 당신의 머릿속에 들어왔다가 떠나는지 알면 당신은 이 자연스런 과정에 좀 더 기여할 수 있게 된다. 생각과 싸우는 대신, 그 생각들이 사라져버리길 바라거나 밀어내는 대신, 그 생각을 하는 사람이 자신이고 의식에서 흘러나가게 할 수 있다는 걸 알기 때문에 힘이 생기게 된다.

노먼 커즌스Norman Cousins의 고전 『질병의 해부Anatomy of an Illness』에는 아흔 살이 다 된 남자가 자신의 마음을 이용해 자신의 몸을 돌보던 이야기가 나온다.

전에도 돈 파블로가 주저하는 걸 여러 번 겪었던 마르타는 그를 안심시켰다. 마르타는 그가 그 모임에 고무될 걸 확신한다고 말했다. 마르타는 그가 전에 촬영하러 왔던 젊은 사람들을 좋아했던 사실을 일깨워주고, 그들이 다시 돌아올 거라고 말했다.

돈 파블로의 얼굴이 환해졌다. "그래, 물론 그렇지. 그들을 다시 만나면 좋을 거야."

전과 마찬가지로 그는 팔을 앞으로 쭉 뻗고 손가락들도 쫙 벌렸다. 그러자 등이 똑바로 펴지면서 일어나서 첼로로 걸어갔다. 그는 연주를 하기 시작했다. 그의 손가락들, 손과 팔이 통제된 동작과 조율된 근육의 아름다움을 요구하는 뇌의 명령에 반응하면서 그의 손가락과 손과 팔이 절묘한 조정력을 보였다. 그보다 30년은 젊은 어떤 첼리스트라도 그런 비범한 육체적 능력을 갖고 있었다면 무척 뿌듯해했을 것이다.

하루에 두 번 나는 기적을 목격했다. 거의 아흔이 다 돼서 고령으로 허약해진 체력에 힘들어하는 그가 적어도 일시적으로 자신의 육체적 고통을 떨쳐버릴 수 있었다. 지금 그런 고통을 초월하는 더 중요한 일이 있다는 걸 알고 있기 때문에. 그런 일이 일어나는 데 특별한 수수께끼는 없었다. 그 일은 매일 일어났으니까. 파블로 카잘스의 창의성이 바로 그의 몸에서 분비되는 코르티손(관절염 등의 부종을 줄이기 위해 쓰이는 호르몬의 일종 – 옮긴이)의

원천이 됐다. 그가 복용했을 그 어떤 항염증제도 그의 몸과 마음의 상호작용으로 인해 자연스럽게 생긴 그 물질만큼 강력하거나 안전했을지는 의문이다.

커즌스는 이 이야기의 본질에 대해 말을 덧붙였다.

그 과정은 기이하지 않다. 만약 그가 감정적인 폭풍에 휘말렸다면, 그 영향은 위로 들어가는 염산의 양이 늘어나는 것으로 나타났을 것이다. 그리고 코르티손이 만들어지는 과정에서 아드레날린의 분비가 치솟고, 혈압이 높아지면서 심장박동도 더 빨라졌을 것이다.

자신의 생각에 사로잡히지 않는 것은 그렇게 하지 않겠다는 의지에서 시작된다. 생각은 자발적인 작용이고, 우리 모두 '감정적 폭풍'을 일으키게 되는 생각들을 떨쳐버릴 수 있는 능력이 있다. 우리가 그런 생각의 또아리에 사로잡히지 않을 때 인생은 아주 아름다울 수 있다. 마음을 비우는 것이 이 아름다움을 제대로 인식하는 첫 단계다.

15

내 삶을 통제하는 것은
나다

앞에서 우리는 인생의 어느 시점에 대처해야 할 어려움인 슬픔, 상실, 고통, 질병, 죽음 같은 문제들을 다뤘다. 그 외에는 우리가 대처해야 할 삶의 어려운 문제들은 많이 있다. 사람들과의 소통 문제, 우리가 바꿔야 할 행동들, 재정 문제, 까다로운 사람 상대하기, 직업 문제, 양육, 노화 등 몇 가지 예를 들 수 있다.

지금까지 이 책을 읽어왔다면, 그 구체적인 내용에 상관없이 모든 문제들 안에 일관성이 있다는 점을 눈치챘기를 바란다. 모든 문제는 내가 '분석 마비'라고 부르는 현상에 의해 악화된다. 이는 문제를 풀고자 하는 사람이 성공적인 해결책이 나오길 바라면서 반복해서 집중적으로 생각하는 상황을 가리킨다. 분석 마비 상황에서 우리는 자신의 문제를 알아내고, 이해하려고 애를 쓰고, 무엇보다 구체적으로 그걸 분석하려고 한다. 하지만 분석의 가장 큰 문제는 그 문제를 지나치게 생각하는 동안, 문제에 집중하느라 기분이 가라앉기 시작할 거라는 점이다. 그리고 인생에서 확실한 게 하나 있다면 기분이 나쁠 땐, 우리의 지혜와 상식은 밖으로 날아가버린다는 것이다. 간단히 말해서 기분이 나쁠 때 우리는 최상의 상태가 아니며 삶을 명료하게 보지 못한다. 기분은 생각을 따라가기 때문에 문제에 더 많이 관심을 두고 집중할수록, 기분은 더 나빠질 것이고 당신이 접할 수 있는 지혜는 점점 더 줄어들 것이다.

알베르트 아인슈타인이 이런 말을 한 적이 있다. "문제의 해결책은 애초에 그 문제를 만들어낸 이해 수준에서는 결코 나올 수 없다." 다시 말하면 문제를 곱씹는다고 해서 그 문제를 해결하는 데 도움이 되진 않는다. 우리에게 필요한 그 답을 볼 수 없을 테니까 말이다. 반면 우리가 상황을 새롭고 신선한 시각으로 바라볼 때, 고요한 마음에서(건강한 정신 작용) 지혜가 나와 우리의 마음을 차지할 때 해법을 찾아낼 수 있다. 역설적이면서 단순해 보이는 방법이지만 **새로운 해법을 볼 수 있으려면 문제에 대해 생각하길 멈출 필요가 있다.** 우리의 마음에서 문제를 털어내면, 그 문제에 대한 생각으로 온통 뒤덮여 있던 마음에 답이 나타날 것이다. 지혜는 오래된 문제를 새롭고 신선한 시각으로 보는 것이다.

모든 생각은 관심을 쏟으면 커지고, 문제도 이런 규칙에서 예외가 될 수 없다. 문제에 정면으로 부딪쳐서 해결하려는 건 어마어마한 실수다. 그것이 재정 문제건, 자식 문제건, 다른 관계건, 사랑하는 이의 죽음에 대한 문제건, 문제에 집중할수록 그만큼 우리는 해답을 볼 수 없다. 그래서 누군가 당신의 문제를 가지고 반복해서 논의할 때, 전혀 성과가 나오지 않는다는 느낌을 받게 되는 것이다. **같은 문제를 계속 살펴보면 계속 같은 결론을 내게 된다.** 이 역학에서 유일하게 확실한 건 당신이 느끼는 감정뿐이다. 좌절하고, 혼란스럽고, 행복하지 않다는 느낌 말이다.

기분이 얼마나 나쁜지에 대한 생각이 머릿속에 들어올 때마다 당신에겐 선택권이 있다. 그 생각을 머릿속에서 계속 살아 있게 두기 위해 그걸 더 많이 생각하는 것이 도움이 될까? 아니면 그런 생각을 그저 지나가는 다른 생각과 똑같이 떨쳐버릴 것인가? 후자를 선택하면, 당신은 건강한 정신 작용으로 가는 문을 여는 것이다. 그러면 아마도 1분 후에(혹은 몇 초 후에) 당신의 기분이 얼마나 나쁜지 혹은 당신이 평소에 얼마나 기분이 나쁜지 같은 다른 생각이 또 들어올 것이다. 그렇다면 그냥 일축해버리면 된다. 그렇게 할 때마다 당신은 문제에 관심을 덜 쏟는 데 익숙해질 것이고 기분은 더 좋아질 것이다.

생각하는 습관은 고치기 어려운 게 사실이지만, 그래도 고칠 수 있다. 최근 몇 년간 심리학 분야에서 나온 가장 의미심장한 발견 중 하나는 자신이 생각하는 방식을 선택할 수 있다는 것이다.

주도권을 잡고 있는 사람은 바로 나다.

생각은 아주 자발적인 작용이다. 우리는 습관적으로 머릿속에 들어오는 생각에 집중한다. 그러니 **머릿속에 들어오는 생각을 떨쳐버리는 행동도 습관이 될 수 있다.**

만약 우리가 인생에서 일어나는 모든 문제를 세세하게 살펴보고 그걸 하나하나 이해하려고 한다면, 우리는 인생 대부분을 문제에 초점을 맞춘 채 보낼 것이다. 어느 정도는 이 방식이 성공을 거둘 수도 있을지 모르지만, 대체로 당신이 느끼는 기분은 변하지 않을 것이다. 차가 고장나면, 차를 고치는 데뿐만 아니라 그 후에 그것에 대해 생각하는 데도 에너지를 쏟게 될 것이다. 상사나 배우자와 언쟁을 벌였을 때, 누군가의 전화에 답을 하는 걸 잊어버렸을 때, 오기로 한 우편물이 사라졌을 때뿐만 아니라 일상에서 매일 일어나는 갖가지 짜증스런 일에도 우리는 같은 식으로

스토아 씽킹

반응하게 될 것이다.

누구라도 이런 삶의 자잘한 골칫거리에서 완전히 자유로워질 수는 없겠지만 거기서 느끼는 짜증에서 해방될 수는 있다. 그 비결은 크든 작든 인생의 모든 문제는 그것이 끝난 후에도 그 문제에 대해 생각하거나 그 문제를 대면하기도 전에 미리 예상하고 두려워함으로써 악화된다는 점을 아는 것이다.

문제가 머릿속에 떠올랐을 때 의도적으로 신경을 끄면 서서히 기분이 나아질 것이고, 그렇게 되면 우리는 그 문제를 해결하는 데 좀 더 준비가 잘될 것이다. 이 점을 명심하라.

> 긍정적인 심리 상태에서 문제를 해결할 수 없다면, 부정적인 상태에서는 절대로 해결할 수 없다.

문제에 대해 지나치게 생각하는 건 결코 도움이 되지 않는다. 거듭 검토해봤자 그 효과는 극히 제한되어 있다는 점을 이해하면 우리 내면에 있는 지혜가 주도권을 잡게 될 것이다.

우리가 마주치는 문제들은 항상 기분과 관련돼 있다. 기분이 침체돼 있으면, 사소한 골칫거리도 크나큰 장애물로 보일 것이고, 아주 작은 제안도 크나큰 비판으로 듣게 될 것이고, 미래의 장애물을 결코 극복할 수 없다고 생각할 것이다. 기분이 나쁠 때는 어떤 요인이건(개인적이건 외부적이건) 우리의 경험을 막아서 불행하게 만드는 것처럼 보일 것이다. 기분이 좋으면 우리는 자신의 환경 너머를 보면서 자신이 가진 것 안에서 최선을 다할 것이다.

삶은 우리의 기분에 따라 극적으로 달라 보인다.

이 점을 아는 것이 중요하다. 기분이 좋을 때 우리는 이미 우리가 원하는 것(좋은 기분)을 가지고 있기 때문이다. 문제를 보는 시각은 우리의 기분에 따라 달라질 것이다. **기분이 좋을수록, 우리의 통찰력은 나아진다.** 어떤 구체적인 문제를 해결하면 내면의 평화가 생기고 행복해질 거라는 생각은 어리석다. 그건 사실이 아니니까. **기분이 나쁠 때, 우리는 삶의 다른 면들을 절망스럽게 볼 것이다.** 이것이 바로 부정적으로 느끼는 상태의 본질이다. 기분이 나쁠수록, 우리가 가진 문제들은 결코 극복하지 못할 것처럼 느낀다.

그렇다고 기분이 나쁠 때 우리가 가진 문제들을 무시해버리라는 말을 하는 게 아니다. 하지만 기분이 좀 더 나아질 때까지 기다리면 그 문제의 구체적인 내용이나 크기에 상관없이, 모든 문제에 대한 통찰력이 생길 것이다.

스톱 밀김

이 통찰은 삶에서 직면하게 될 고통스런 면들 때문에 우리가 파괴되는 걸 상당 부분 막아줄 것이다. 인생이 정말로 곧 나아질 거라는 진실에 근거를 둔 태도를 가진다면, 당신은 이 책의 전제를 돌아볼 수 있을 것이다. **당신의 불행을 만들어낸 것은 바로 당신의 생각이라는 전제 말이다.** 우리가 언제나 자신의 환경이나 상황을 바꾸지는 못하겠지만, 적어도 자신의 생각은 어느 정도 통제할 수 있다.

16

낙관주의의 기술

어떤 종류의 역경이든 그것을 직면할 때 우리는 자연스럽게 그것에 대해 생각하는 식으로 반응한다. 하지만 우리는 그 생각하는 사람이 자신이라는 점을, 우리가 적극적으로 그 생각을 만들어내고 있다는 점을 잊어버린다. 우리의 생각은 습관으로 굳어져서 우리가 생각을 하고 있다는 사실조차 깨닫지 못한다! 오히려 우리에게 일어나는 일들에 대한 일반적인 반응이자 삶에 대해 대처하는 방식으로 부정적인 생각 패턴을 키워내면서 우리의 인생과 주변 상황이 생각의 원인이라고 믿는다. 그건 사실이 아니다! 그 생각을 하는 사람은 바로 자신이기 때문에, 우리에게는 생각을 바꿀 책임이 있다. 이 점을 알아차리면, 비관적인 시각을 좀 더 낙관적으로 바꿀 수 있다. 또한 우리가 그 생각의 흐름을 주도하는 장본인이라는 사실에 책임을 짐으로써 마음속에 떠오르는 온갖 부정적인 생각이 완전히 커지기 전에 멈추는 법을 배울 수 있다!

당신이 딸을 위해 스웨터를 열심히 짜고 있다고 가정해보자. 그 스웨터를 가지고 차에 타다 문에 끼었는데 당신이 그 문을 닫아버리는 바람에 찢어졌다. 당신이 비관주의자라면, 이렇게 생각할지도 모른다. '잘 했다, 바보. 매번 뭔가 좀 해보려고 하면 이렇게 망친다니까.'

유감스럽게도 이렇게 부정적인 생각은 스웨터를 찢은 사건에 국한되지 않는다. 당신이 이런 단순한 사건에도 자신을 심하게 몰아붙이는 사람이라면, 항상 이렇게 굴 가능성이 높다. 고통스럽거나 힘든 일이 일어날 때마다, 그게 아무리 사소한 일이건 상관없이 당신은 최악의 상황을 상상한다. 끔찍한 독감에 걸려서 편도선이 부었다거나, 상사에게 질책을 들었다고 잘릴까 봐 걱정한다거나, 메시지에 답을 하지 않는다고 친구가 더 이상 당신을 좋아하지 않는다는 식으로 생각하는 것이다. **비관적 생각의 문제는 그 생각이 당신의 기분을 결정한다는 점이다.** 생각 때문에 당신은 스스로를 바보라고 느낄 것이다. 스웨터와 당신이 그걸 찢지 않을 수 없었던 상황은 아무 관계가 없다. 부정적인 생각은 안 좋은 기분을 느껴야만 한다고 우리를 설득하려는 것 같다.

부정적인 생각은 자신에 대한 안쓰러움으로 이어지고, 불행한 느낌이 들다가, 결국 우울증까지 오게 된다. 우울증에 걸리면 삶에 대한 전반적인 시각이 비관적으로 바뀐다. 부정적인 생각이 교활하게 슬금슬금 당신의 마음속으로 파고들어가서 그 생각에 관심을 쏟고 싶은 충동을 부채질한다. 이상하게도, 계속 이런 식으로 생각하면(이런 식으로 충분히 생각하면) 어쩐지 기분이 좋아질 것만 같다. 유감스럽지만 부정적으로 생각해서 기분이 좋아지는 결과가 나오진 않는다. 부정적인 생각에 관심을 쏟으면서 계속 그 생각을 할수록, 기분은 더 나빠진다. 부정적인 생각을 하면 우울에 빠지는 길 말고는 그 어디에도 이를 수 없다!

스웨터를 찢었을 때 이렇게 생각하면 당신이 인생에 대해 느끼는 방식은 훨씬 나아질 것이다. "뭐, 그래도 괜찮아. 살다 보면 사고란 누구에게나 일어나잖아. 걱정하지 마! 최선을 다해 고치면 되지." **이렇게 간단하게 태도를 바꾸는 것은 당신의 습관적인 반응을 바꾸는 것과 같다. 그 변화는 작지만 그로 인해 돌아오는 이익은 아주 크다.** 좀 더 긍정적으로 생각하는 법을 배우면 당신이 감정을 느끼는 방식에도 영향을 미칠 것이다. 그것은 정신 건강을 발전시키는 과정에서 당신이 할 수 있는 가장 중요한 결정이다.

스톱 씽킹

당신은 어떤 특정한 방식으로 생각하는 데 익숙해져 있을지 모른다. 하지만 한번 그렇게 하겠다고 결심하고 노력하면 삶을 보는 방식을 바꿀 수 있는 능력이 생겨난다.

> 오늘부터 당신이 생각하는 방식을 바꿔라. 힘든 시기라면 더 그렇게 하라. 그러면 삶의 질이 극적으로 올라갈 것이다.

생각 변화의 3단계

그렇다면 어떻게 그 변화를 이룰 것인가? 내면의 부정성을 좀 더 긍정적으로 바꾸는 것은 생각보다 쉽다. 그 변화는 다음과 같이 간단한 3단계면 충분하다.

1단계, 당신이 부정적으로 생각하는 습관이 있다는 점을 인지하고 인정한다. 2단계, 생각은 당신에게서 나왔고, 삶에 대한 심리적 경험을 만들어내기 위해 당신이 적극적으로 하는 행위란 점을 이해해야 한다. 3단계, 생각 그 자체는 힘이 없다는 사실을 알아야 한다.

이 3단계를 간단하게 살펴보도록 하자.

당신에게 부정적으로 생각하는 습관이 있다면, 당신은 이 정보가 효과를 발휘하기엔 너무 단순하다고 무시하고 싶은 유혹을 느낄 것이다. 비관주의자라면 스스로 변화할 가능성이 없다고 생각할지 모른다.

하지만 부정성은 그저 습관일 뿐이며 유감스럽게도 당신의 삶에서 수천 번 거듭되면서 강화된 것이다. 부정적인 태도라고 영원히 변할 수 없는 건 아니며 눈 색깔이 유전적으로 결정된 것과 같은 방식으로 우리의 DNA에 미리 설계돼 있는 것도 절대 아니다. 부정성은 당신의 삶에서 일어나는 사건들에 대한 학습된 반응일 뿐이다. 세상에는 인생을 좀 더 낙관적으로 보는 법을 배운 사람들이 수백만 명 있고, 당신도 그 중 한 명이 될 수 있다.

② 생각은 우리의 내면에서 나온다

우리의 생각이 우리의 내면에서 나온다는 견해가 바로 이 책의 중심 주제다. 나는 머릿속에 굴러다니는 생각들을 만들어낸 장본인이다. 우리 삶의 진정한 힘은 생각의 생산자인 자신에게 있지, 생각 그 자체에 있는 게 아니다. 머릿속 생각을 하는 장본인이 바로 자신이라는 점을 확실하게 이해하지 못하면, 스스로 태도를 바꾸기란 매우 어렵다. 이 건전한 앎을 토대로 삼지 않으면,

자신의 생각에 유혹되기는 너무 쉽다. 우리는 원하지 않았던 일이 일어나면, '내 인생엔 뭐든 순조롭게 풀리는 법이 없군'과 같은 생각이 떠오르게 된다. 당신은 스스로를 불쌍하게 여기게 되고, 계속 부정적인 생각만 든다. 하지만 이 모든 생각의 주체가 자신이라는 점을 확실히 알면 그 생각은 당신에게 일어나는 일이 아니게 되고, 우리는 스스로 새로운 대안들이 있는 문을 열어젖히게 된다.

기억하라, 그 생각을 만든 사람은 바로 당신 자신이다!

부정적인 생각이 들면 이렇게 생각하라. '또 시작이군. 더는 그 덫에 걸리지 않을 거야. 내 일도 술술 풀릴 때가 있겠지. 그러니 괜찮아'.

③ 생각 그 자체는 힘이 없다

모든 사람에겐 없애버리고 싶은 습관들이 있다. 대부분의 습관은 처음에는 아주 단순하게 시작된다. 처음부터 마약 중독자, 알코올 중독자, 골초나 손톱을 물어뜯는 사람이 되려고 마음먹은 사람은 없다. 대부분의 습관들은 시간이 흐르면서 서서히 발전해가며 반복을 통해 편안하고 익숙해진다. 예를 들어 술을 마시는 사람은 언제고 스트레스를 받으면 술잔으로 손을 뻗는 습관을 익힌다. 술이 상황을 더 악화시키긴 하지만, 술을 마시는 사람은 그거 말고는 달리 뭘 해야 할지 모른다.

부정적인 생각도 비슷하다. 무슨 일이 일어나면 학습된 반응으로 생각이 머릿속에 들어온다. '인생은 살 가치가 없어' 혹은 '난 행복하지 않아' 같은 생각을 하길 원하는 사람은 없다. 그렇지만 이런 부정적인 생각들은 익숙하기 때문에 자꾸 주의를 끈다. 이런 생각들은 느닷없이 떠오르는 것처럼 보이고, 그렇기 때문에 부정적으로 생각하는 많은 사람들이 자기는 그럴 만한 이유가 있어서 그렇게 생각한다고 믿는다. 그들이 하는 생각엔 반드시 그럴 만한 타당한 이유가 있는 것처럼 보인다. 부정적으로 생각하는 사람은 항상 자신이 왜 그렇게 느끼는지 이유를 말하려고 한다. 차가 움직이지 않는다거나, 아무도 친해지고 싶어 하지 않는다거나, 아무도 자신의 진가를 몰라준다거나…. 그런 식으로 이유 찾기는 계속된다. 부정적인 생각을 하는 건 항상 타당하게 보인다.

이때 우리를 부정적으로 생각하게 만들었다고 생각하는 그 일 자체가 문제는 아니라는 사실을 알아차리는 것이 중요하다. 자신의 진가를 몰라주는 사람을 상대하는 법을 배우거나 움직이지 않는 차를 수리하는 법은 누구나 배울 수 있다고 나는 장담한다. 하지만 자멸적이고 부정적인 생각이 뿜어내는 부정적인 영향을 오랫동안 참아낼 수 있는 사람은 없다. 결국 모두 좀 더 긍정적으로 생각하는 법을 배우거나 계속되는 불행과 우울증에 시달려야 한다.

부정적인 생각은 처음에는 아무 뜻 없이 무심코 학습된다. 처음부터 자신을 해치려고 그런 습관을 만드는 사람은 없다. **자신을 용서하고, 부정적인 생각의 덫에 빠지는 게 얼마나 쉬운지 알게 됐다면 자신에게 두 번째 기회를 주는 법을 배우면 된다.** 낙관주의자란 타고나는 것처럼 보이는 것도 사실이지만, 많은 사람들이 낙관주의자가 되는 법을 배울 수 있다. 우리는 기분이 나아지기 위해 생각하는 방식을 바꿔야 한다.

우리의 믿음이 인생 경험과 감정 방식을 만들어내는 데 차지하는 강력한 역할을 알아야 한다. 당신이 '난 항상 호구가 되는군'이라고 생각한다면, 스스로를 희생자처럼 느끼는 것도 우연이 아니다. 당신이 '사람들이 내 인생이 얼마나 힘든지 알까' 하고 생각한다면, 스스로 인생이 부담스럽다고 느끼는 것도 우연이 아니다. 환경이 사람을 만드는 게 아니라 그 사람의 진가를 드러내게 한다! 인생이 당신을 기분 나쁘게 만드는 게 아니라 당신의 생각이 그렇게 한다.

삶에 대한 태도와 인생에 대한 믿음은 우리의 내면에서 비롯된다. 삶을 보는 방식은 우리에게 실제 일어나는 일이 아니다. 그것은 우리가 인생을 살아가면서 순간순간 만들어내는 것이다. 우리는 언제고 삶에 대한 태도를 바꾸겠다고 결심할 수 있다. 우리의 태도는 단 한 가지, 우리의 생각으로 이뤄져 있다. 그걸 바꾸면 당신의 세계가 바뀔 것이다.

비관주의자가 바뀌는 과정

습관은 대개 고치기 힘들다. 9장에서 논했던 것처럼 특히 부정적인 생각 습관을 고치는 것은 더 힘들다. 당신은 사물을 특정한 방식으로 생각하는 데 익숙해져 있다. 당신은 아마 지금까지 살아오는 내내 부정적인 생각을 수천 번 반복하면서 강화해왔을 것이다. 매번 부정적인 생각이 강화될 때마다 인생은 별로 살 만하지 않다는 생각이 옳았다고 확신해왔을 것이다.

삶을 바라보는 관점이 좀 더 긍정적으로 바뀔 때 당신의 인생이 얼마나 더 좋아질지 한번 상상해보라. 불운한 일이 일어났을 때 그에 대응해서 이렇게 생각한다면 어떤 일이 일어날까? '이만하길 다행이다.' 일이 벌어진 다음 더는 부정적인 생각을 하지 않는다면 당신의 부정적인 느낌은 어떻게 될까?

당신이 좀 더 긍정적으로 생각하는 걸 막는 건 뭘까? 그 답은 '내면의 완고함'이다. 생각이 당신이 느끼는 방식을 결정한다는 사실을 받아들이지 않는 한, 완고함이 당신의 유일한 장애물이 된다. 그 완고함 때문에 당신은 기분이 좋아지는 것보다 부정적인 생각이 훨씬 더 중요하다고 판단한다. 다음 이야기는 내 경험으로, 누구든 낙관주의의 기술을 배울 수 있음을 보여주는 예이다.

레이철은 내가 만나본 아주 부정적인 사람 중 하나였다. 레이철에게 삶은 언제나 비참했다. 레이철은 항상 불행했고, 살아오는 내내 우울해했지만, 자신이 불행한 구체적인 이유는 생각해낼 수 없었다. 그녀는 그저 기분이 나빴다.

상담치료사들과 친구들은 레이철에게 '인생을 바꾸라'고 조언했다. 지역사회 활동에 참여하고, 새로운 사람들을 만나보고, 운동을 시작하고, 직업을 바꾸고, 새 집으로 이사하고, 뭐 그런 여러 가지 일들을 해보라고 했다. 레이철은 그걸 다 해봤지만 여전히 불행했다. 왜?

아래 내용은 내가 처음 레이철을 만났을 때 나눈 전형적인 대화다.

치료사 일은 어때요?

레이철 괜찮아요, 하지만 사업이 잘 안 돼요. 불경기 걱정에 고객들이 다 도망가지 않았으면 좋겠는데.

치료사 레이철, 당신이 자원봉사에 참여했다는 말을 들었어요.

레이철 맞아요. 하지만 좀 맥 빠지는 일이기도 해요. 불쌍한 사람들이 너무 많거든요.

치료사 새 남자 친구는 당신이 자원봉사하고 있는 그 단체에 관심이 있나요?

레이철 그렇죠. 하지만 제가 부탁할 때만 참여하는 것 같아요.

레이철이 왜 그렇게 불행해하는지 알아내는 데 그리 오래 걸리지 않았다. 내 질문에 대해 레이철이 한 대답들을 보면 대답 하나하나마다 부정적인 요소가 들어 있다. 레이철은 진정한 비관주의자였다. 언제 어떤 상황에서도 부정적이거나 부정적일 가능성을 보는 것이 레이철이 삶을 이해하는 방식이었다. 그러니 환경을 바꾸면 도움이 될 거라고 생각하는 건 터무니없었다. 레이철은 복권에 당첨됐어도 실망했을 것이다! 흥미롭게도 내가 처음 '비관적'이란 말을 언급했을 때 레이철은 그 말이 자신에게는 해당되지 않는다고 생각했다. 오히려 자신은 '현실주의자'라고 했다.

레이철의 변화는 사실상 자신이 하는 모든 생각에 부정적인 분위기가 흐른다는 점을 스스로 인식하면서 찾아왔다. 그것은 레이철이 삶을 부정적으로 보도록 만든 습관이었다. 부정적인 생각이 머릿속에 들어오면 레이철 마치 반드시 그렇게 해야 하는 것처럼 반응했다.

레이철은 삶에 대한 자신의 생각이 그저 생각에 불과하다는 것을 인정하기가 쉽지 않았다. 레이철은 자신의 생각에 큰 가치가 있다고 느꼈다. 자신이 부정적인 사람이 아니라 현실주의자이며, 사실을 지적하는 것이 항상 중요하다고 느꼈다. 그리고 그런 방식이 항상 그런 태도를 강화시켰고 자신의 태도가 타당하다고 느꼈다. 어쨌든 그녀는 이렇게 주장했다. "언제고 일이 틀어질 수 있으니 미리 대비하는 게 중요하잖아요."

레이철은 머릿속을 부정성으로 가득 채우면 기분이 좋아지는 건 불가능하다는 점을 배웠다. 그리고 이 책에서 나온 아주 중요한 원칙 중 하나를 배웠다. **'당신이 지금 느끼는 기분은 당신이 하고 있는 생각 때문이다.'** 내가 레이철에게 당신이 나를 보러 오는 유일한 목표는 기분이 나아지기 위해서라는 사실을 일깨워줬을 때 레이철은 부정적인 생각들을 없애야 한다는 점을 알아차리기 시작했다. 그리고 레이철은 삶에 대한 자신의 대응이 영구불변하지 않다는 점을 깨달아야 했다. 그것들은 그저 스스로를 계속 불행하게 만드는 습관일 뿐이었다. 레이철은 자신의 생각들로 이뤄진 회전목마를 타고 있었다. 먼저 부정적으로 생각하고 나면, 그다음에 기분이 나빠졌다. 그러면 그 나쁜 기분 때문에 더 부정적으로 생각하게 됐고 그런 식으로 악순환이 이어졌다.

다행히 이 회전목마는 반대 방향으로 돌 수 있다. 레이철이 자신의 습관적이고 부정적인 생각을 떨쳐버리기 시작하면서, 기분은 점차 나아졌다. 기분이 나아지자 부정적인 생각이 점점 적게 머릿속에 들어왔다. 그러자 인생에 대해 점점 낙관적으로 느끼게 됐다.

레이철의 경우가 특별한 케이스는 아니다. 누구든 낙관주의의 기술을 배울 수 있다. 단, 그러려면 겸손과 용기가 필요하다. 바로 자신의 생각이 부정적이라는 것을 인정하는 겸손, 반드시 그것을 바꾸겠다는 용기다. 그렇게 마음 먹으면 행복과 감사로 가득 찬 인생을 살아가는 데 아주 중요한 단계 중 하나인 낙관주의의 기술을 배울 수 있다.

17

행복의 감각

행복이 무엇인지에 대한 모호하거나 불완전한 개념을 가지고 있다면, 정작 그 행복이 왔을 때 놓칠 가능성이 매우 크다. **행복이 우리를 지나쳐버리는 이유는 우리가 무엇을 찾고 있는지 모르기 때문이다.** 행복을 알지 못하면 그것이 눈앞에 있어도 모를 것이다. 사실 행복은 바로 우리 앞에 존재한다. 행복이 뭔지 그리고 어디서 나오는지 이해하고 있다면, 그것이 나타날 때 알아차리고 감사하게 여길 것이다. 우리는 생각하기 바빠서 행복을 놓쳐버리는 흔한 경향을 피해야 한다.

'행복으로 이르는' 길은 없다. 행복 자체가 바로 그 길이다. **행복은 우리가 경험하는 느낌이지, 어떤 사건들의 결과가 아니다.** 이 중요한 차이를 이해할 때, 우리는 적어도 올바른 방향을 보게 될 것이다. 우리는 행복한 느낌이 표면으로 떠오르도록 격려할 수 있을 것이고, 행복이 도착하면 거기에 머무를 수 있을 것이다. 다른 사람처럼 그걸 떠나보내고 계속 다른 데서 행복을 찾는 대신 말이다. 매번 당신 밖에서 행복을 찾으려 할 때마다, 매번 생각을 열심히 해서 행복에 이르려고 할 때마다, 행복은 당신의 손가락 사이로 쓱 빠져나가버릴 것이다. 당신의 마음이 이미 행복의 근원에서 떠나버렸을 테니까.

예를 들어 당신이 '언젠간 나는 행복해질거야'라거나 '언젠간 행복해지고 싶어' 같은 말을 할 때, 당신이 진짜 하는 말은 '언젠가는 내가 가진 문제들과 걱정과 부정적인 생각에서 관심을 돌려서 좀 더 좋은 느낌, 사랑이 충만한 느낌에 집중하고 싶어'이다. 그렇다고 어느 날 갑자기 아침에 일어나자마자 모든 부정적인 생각들이 사라지고 긍정적인 기분에 빠져들게 되진 않는다. 그러려면 먼저 연습을 해야 한다. 오늘 시작하건, 아니면 10년 뒤에 시작하건, **행복해지기 위해 필요한 것들을 뒤로 미루는 습관을 멈춰야**

한다. 조만간 당신은 믿음의 도약을 하고 스스로에게 이렇게 말해야 한다. '지금 내 삶은 완벽하지 않을지 모르지만, 필요한 곳, 그러니까 내 부정적인 생각의 이면에 있는 좋은 느낌에 관심을 쏟기에 더 좋은 때는 앞으로도 결코 오지 않을 거야.' 그러니 지금 당장, 오늘, 바로 이 순간에 시작하는 게 어떤가? 이것은 자신에게 던져야 할 아주 중요한 질문이다. 행복해지는 길로 가고 싶다면 정답을 맞춰야 한다.

자신의 생각과 자신이 느끼는 감정 사이의 관계를 알아차리기 시작하면(즉각적인 관계와 축적된 관계 모두) 우리는 덜 우울한 인생으로 나아가게 된다. 내년까지 기다리는 건 도움이 되지 않는다. 대체 무엇을 기다리고 있단 말인가? 새로운 인생을 위한 조건들은 어느 순간 갑자기 나타나지 않을 것이다. 지금이 바로 그때다. 우리는 그 규칙들을 새롭게 이해해야 하고, 그동안 배운 것들을 연습해야 한다. 이렇게 자신을 도울 수 있게 생각을 새롭게 이해한다고 해도, 다시 오래된 습관으로 퇴행해서 부정적인 생각의 흐름을 좇거나, 정신에 부정적인 부담을 주는 일은 여전히 생길 것이다. 그것이 상처를 주고 속상하게 만들지라도 우리는 그런 생각과 관심을 다시 긍정적인 방향으로 돌려야 할 것이다.

행복한 사람들을 관찰해보면 그들이라고 항상 행복하지는 않다는 사실을 알게 된다. **행복한 사람은 '대체로' 행복하다.** 이 말의 의미는 인생에 대한 전반적인 감정은 대단히 긍정적이지만, 그들 역시 감정적인 기복이 있다는 뜻이다. 기억하라, 사람들의 기분이란 다 변하기 마련이고, 특히 기분이 아주 나쁠 때는 인생이 정말 나빠 보일 것이다. 그리고 누구나 가끔 부정적인 생각이 머릿속에 들어오기 마련이다. 하지만 행복한 사람들은 스스로 불행한 사람이라고 생각하는 사람들보다 머릿속에서 그런 부정적인 생각이 만들어지는 과정을 좀 더 자주 알아차린다. 그런 부정성을 알아차려서 그만두는 행위 자체가 그들을 행복하게 만들기 때문이다. 그들도 실제로 불행한 사람들과 같은 생각을 많이 하지만, 그 생각과 맺는 관계는 완전히 다르다. 행복한 사람들은 생각을 그냥 생각으로 본다. 그들은 할 수 있는 한 많은 부정적인 생각들을 무시하고 멈추려고 노력할 것이다. 그들은 상황이 긍정적으로 보이지 않을 때도 행복한 느낌을 찾을 것이다. 그들은 행복한 척하는 게 아니라, 행복해질거라고 예상한다.

행복한 사람은 자신이 찾고 있는 것이 행복한 감정이지, 완벽한 인생이 아니라는 점을 알고 있다.

행복이 먼저 오고, 좋은 인생은 행복한 감정에서 나온다.

행복한 사람들은 자신이 부정적인 생각에 끌려가고 있거나 '분석 마비'에 휘말린 사실을 알아차렸을 때 다시 행복해지려면 자신이 지금 하는 행동을 바꿔야 한다는 걸, 그것도 빨리 해야 한다는 걸 알고 있다.

불행한 사람들은 행복한 사람들과 다른 방식으로 생각과 관계를 맺는다. 불행한 사람은 부정적인 생각이 떠오르면, 습관적으로 그걸 따라가고 그렇게 하면 기분이 나아질 거라 생각하는 경향이 있다. 불행한 사람들은 자신의 생각을 그저 생각으로 보지 않고, 현실만큼 중요하게 본다. 그들은 자신을 우울하게 만드는 생각을 무시하는 것이 아니라 오히려 분석하거나 연구해서 그 생각을 더 오래 살려두고, 실제보다 더 강력하고 중요한 존재로 보이게 만든다. 내가 봐온 행복한 사람들과 불행한 사람들의 차이 중 하나는 자신의 생각이 고장났다는 점을 기꺼이 인정하느냐 여부다. 행복한 사람들은 자신이 겪는 불행의 원인이 자신의 생각 때문이라는 점을 선뜻 받아들인다. 그들은 가능한 한 그들의 기쁨을 방해하는 생각을 제거하고 싶어 한다. 그들은 자신의 행복이 다른 누군가가 아니라 바로 자신의 책임에 달려 있다는 사실에 기뻐한다. 불행한 사람들은 기꺼이 이렇게 하려는 마음이 적거나, 혹은 자신의 머릿속이 부정적인 생각으로 가득 찼다는 사실을 인정하지 않으려 한다. 그들은 이렇게 주장할 것이다. "나는 부정적인 생각을 별로 하지 않아. 부정적으로 생각하는 게 아니라, 난 그저 우울할 뿐이야." 이것은 당신이 경험할 수 있는 가장 고통스런 부인이다. 당신이 자신의 인생을 통제하고 있는 게 아니라는 잘못된 생각을 하고 있기 때문이다.

당신의 인생을 통제하는 사람은 바로 당신 자신이다.

자신의 생각이 우울한 감정을 만들어낸다는 사실은 우리에게 큰 힘을 실어주며 그것을 인정하는 것은 아픈 마음을 치유해줄 수 있다. 한번 그렇게 하면, 생각이 향하는 방향과 취하는 행동에 대해 어느 정도 통제력이 생긴다. 당신의 생각 때문에 고통받는다는 점을 인정하기 전에는, 우울이 스스로 만들어낸 것이 아니라 나에게 일어난 일이라서 당신은 그저 피해자라고 느끼기 쉽다.

행복은 감정이며, 그 이상도 그 이하도 아니다. 행복은 복잡하지 않고, 잡기 힘들지도 않다. 행복은 완벽한 인생이 당신 앞에 펼쳐져야만 잡을 수 있는 것도 아니며, 오랜 분석을 통해 그 모습을 드러내지도 않는다. 행복해지고 싶다면, 행복한 사람들을 살펴보라. **가장 행복한 인생은 철저하게 분석한 결과가 아니다. 사실 내가 본 행복한 인생은 종종 가장 단순한 인생이었다.** 외적으로도 그렇지만, 특히 내적으로도 그렇다.

> 행복한 사람들은 행복하게 자신의 인생을 즐기며 사느라 자신의
> 불행을 분석할 시간도 없다.

물론 그들도 때로 불행하다고 느끼지만(다른 사람들이 다 그런 것처럼), 굳이 왜 그걸 연구까지 하나, 하고 생각한다. 그 불행한 기분을 인정하고 그것이 지나갈 수 있도록 내버려두는 것이 당신이 해야 할 전부다.

우리가 가진 자연스런 마음과 분석적인 마음의 차이점을 이해하면, 당신은 우울증이 절대 존재할 수 없는, 자신의 내면에 있는 장소에 들어가게 된다. 우리의 내면에는 기분이 더 좋아질 수 있게 이용할 수 있는 공간이 있다. 행복하게 살면서 당신의 인생을 소중히 여기라.

감사

감사는 우울증의 해독제다. 감사는 아주 강력한 감정이며, 다른 모든 감정처럼 우리의 생각에서 나온다.

하지만 당신이 우울하다면 어떻게 감사하는 마음을 느낄까? 만약 내가 당신이 고맙다고 느낄 수 있는 일을 다 생각해내면 1000달러를 주겠다고 제안한다면 어떨까? 당신은 아마 고마워할 일을 수백 가지는 생각해낼 것이다. 목적의식을 가지고 생각하기 때문이다. 만약 당신의 내적 안테나가 감사를 찾고 있다면, 그걸 찾아낼 것이다! 하지만 습관은 바꾸기 힘들다. 특히 생각과 관련된 습관은 더 그렇다. 만약 물 잔을 보고 반쯤 차 있다고 생각하는 대신 반쯤 비어 있다고 생각하는 습관이 있는 사람이 고마운 마음을 가지고 인생을 살아가고 싶다면, 그 습관을 바꾸기 위해 도전해야 할 것이다.

어떻게 고마움을 느끼게 될까? 그 과정 자체는 상당히 간단하다. 먼저 의도적으로 고마움을 느껴야 한다. 즉 그걸 원해야 한다. 고마움을 느끼는 것이 우리에게 어떻게 이익이 되는지, 그리고 다른 사람에게는 어떻게 이익이 되는지 이해해야 한다. 두 번째로 감사하는 마음이 건강한 정신 작용의 정수라는 점을 기억해야 한다. 감사는 가장 자연스러운 마음 상태다. 그렇기 때문에 따로 그걸 배워야 하는 것은 아니며, 부정적인 생각이 없을 때 자연스럽게 당신은 감사하는 마음을 지니게 된다. 세 번째로, 우리가 부정적인 생각을 하는 것이 습관이라는 사실을 인정해야 한다. 생각은 다른 사람이 아니라 바로 우리가 하는 것이고, 부정적 성

스톱 씽킹

향이 떠나지 못하게 잡고 있는 것은 바로 우리의 생각이다. 우리에게는 오늘부터라도 그 태도 전체를 바꿀 수 있는 능력이 있다! 생각을 바꾸는 데 전념해서 생각을 통제할 수 있다. 우리는 행복을 방해하는 부정적인 생각을 떨쳐버리면 인생에서 감사하는 마음이 더 많이 떠오르는 걸 발견하게 될 것이다.

왜 우리는 고마움을 느끼고 싶은 걸까? 아주 간단히 말하면 고마움을 느끼면 기분이 좋아지면서 우리의 가장 좋은 면이 나오기 때문이다. 이 책에 나온 모든 내용은 다 감사를 가리키고 있다. 그것은 건강한 정신 작용이 활동하고 있는 완벽한 본보기이다. 감사하는 마음을 느낄 때면 당신의 인생에 있는 모든 것이 좋아 보이고, 기분도 좋아진다. 감사하는 마음을 우리 삶에 존재하는 힘으로 인식하면, 그것이 우리 존재 전체에 스며들 것이다. 이 고마운 감정의 덕을 누리게 되는 것은 자존감, 관계, 안녕, 일, 희망, 꿈, 문제들, 앞으로 하게 될 발견들과 미래다. 감사하는 마음으로 살아가면, 남은 생은 저절로 풀릴 것이다. 감사하는 마음을 느낄 때 문제를 해결할 수 없다면, 그 문제는 절대 해결하지 못할 가능성이 크다.

우리가 자신의 생각과 맺는 관계가 바로 우리 삶을 결정하는 가장 중요한 요인이다. 생각이 우리가 느끼는 방식을 주도하기 때문이다.

살아가면서 느끼는 감정은 전적으로 우리가 어디에 관심을 집중하느냐에 달려 있다. 매 순간 우리가 가지고 있는 것에 초점을 맞추고 감사하는 법을 배운다면, 그런 생각 과정 자체가 하나의 습관이 될 것이다. 반대로 자신의 삶에서 부족하거나 잘못된 것에 초점을 맞춘다면, 우리는 언제나 싫어하는 것을 더 많이 끌어들이는 방법을 찾아낼 것이다.

늦지 않았다. 지금부터라도 당신은 행복해질 수 있다. 당신의 삶에서 좋은 것을 찾기 시작하라. 계속 찾으면서 그걸 찾아낼 때까지 포기하지 않는 것을 습관으로 삼아라. 그렇게 느껴지지 않더라도 감사하는 감정을 느끼는 연습을 하라. 그러면 그 어느때보다 더 크게 인생을 즐기는 자신을 깨닫게 될 것이다.

내가 받은 가장 흔한 질문 중 하나는 바로 이것이다. '내가 항상 감사하는 감정을 느끼면서 돌아다닌다면, 이기적인 사람이 되는 건 아닌가요?' 이 질문에 대한 대답은 '절대 아니오!'이다. 그 때 당신이 다른 사람들에게 진실로 제공하는 건 뭘까? 당신은 그 때 타인에게 당신의 존재감, 당신의 안녕을 제공한다. 당신이 기분이 좋으면, 주위에 있는 다른 사람들도 기분이 좋아질 것이다.

스톱 씽킹

충만한 느낌이 들면, 그 좋은 기분이 온 세상으로 퍼진다. 반면 당신이 기분이 나쁠 때면, 자신의 부정적인 느낌에 너무나 소모된 나머지 타인을 위한 그 어떤 것도 남아 있지 않게 될 것이다. 스스로도 돌볼 수 없는데 다른 사람에게 뭘 줄 수 있겠는가?

> 고마움을 느끼는 것은 이기적인 동시에 이타적이다. 당신을 위하는 것이고 다른 사람들도 위하는 것이다.

마지막으로 가장 중요하며, 당신의 인생에 감사하는 느낌을 더욱 깊어지게 하는 가장 큰 힘은 그 느낌이 찾아올 때 알아차리는 것이다. 고마워하는 마음을 억지로 느끼려 하지 말고 그것이 느껴질 때 주목하라. 기억하라, 어떤 감정이든 자라게 하는 것은 당신의 관심이라는 점을. 아주 작은 감사의 느낌도 그냥 흘려보내지 않도록 하라. 그 대신 그 감정이 어떻게 느껴지는지 주목하면서 그런 감정이 자라날 수 있게 도와라. 그것이 커질 때 느껴지는 온기와 편안함은 당신이 인간으로서 느낄 수 있는 아주 끝내주게 근사한 감정 중 하나다.

감사하는 기분을 느끼기 위해 꼭 특별한 걸 가져야 할 필요는 없다. 감사하는 마음은 당신의 생각에서 비롯되지, 환경이나 상황에서 비롯된 게 아니다. 감사는 인생을 보는 태도이지 우리가 뭘 가졌거나 가지지 못했는지와는 아무 상관이 없다. 우리는 힘든 환경 속에서도 삶이란 선물에 깊이 고마워하는 마음을 지닌 사람들을 종종 만난다. 이런 사람들은 감사로 자신을 기만하는 것이 아니다. 그저 삶에 대한 긍정적인 태도를 지니고 있을 뿐이다. 이들은 자신이 가진 걸 보는 반면, 대부분의 사람은 자신이 가지지 못한 것에 초점을 맞춘다.

다행히 우리는 건강한 정신 작용으로 가는 길, 진정한 감사로 가는 길을 택할 수 있다. 부정적인 생각의 흐름을 좇는 대신, 그것들과 분리될 수 있다. 행복과 감사는 우리가 찾는 감정이자 필요한 답이라는 사실을 기억하라. 그것들은 우울증보다 더 힘이 세다. 이 새로운 감정들을 느껴보고 당신이 하는 모든 경험이 당신의 눈앞에서 변하는 것을 지켜보라. 당신 안에 지금 당장 당신의 기분을 바꿀 힘이 있다. 마음은 이 순간에 곧바로 바뀔 수 있다.

18

마음을 위한
7가지 심리 법칙

이제 이 책의 결론을 말하려고 한다. "마음은 당신의 것이다." 어떤 생각을 내버려둬야 할지 결정할 사람은 당신뿐이다. 당신 마음의 주인은 당신이다. 마음을 통제할 수 있는 주도권이 당신에게 있다는 사실을 잊지 말기 바란다. 당신은 다시 기분이 좋아질 수 있다. 다음의 사실을 기억하라.

당신은 우울이 당신의 생각에서 형성된다는 점을 이해할 때 다시 기분이 좋아질 것이다. 당신의 생각은 현실과 다르다. 당신은 생각을 만들어내지만, 그게 다. 당신의 생각은 당신에게 일어나는 어떤 정체 모를 것이 아니라 당신이 인생에 대한 경험을 만들어내기 위해 하는 행위라는 점을 이해하면 더는 자신의 생각을 두려워할 필요가 없다. 당신이 생각을 만들어내기 때문에 그것에 우울해할 필요가 없는 것이다. 생각은 왔다 간다. 나뭇잎을 실어 나르는 강물처럼, 당신의 마음은 결코 끝나지 않는 생각을 만들어낸다. 어떤 생각은 좋고, 어떤 생각은 그렇지 않지만, 모든 게 그저 생각일 뿐이다. 당신은 어떤 생각이든 손을 뻗어서 잡을 수 있지만, 그 손을 뻗어서 잡는 사람은 바로 자신이라는 점을 명심하라. 생각을 하는 사람이 당신 자신이라는 점을 기억한다면, 우리는 자신과 생각 사이에 적절한 거리를 만들어내고 통찰력을 유지해서 부정적인 생각의 영향으로부터 스스로를 지킬 수 있다.

당신은 우울할 때 하는 생각을 더 이상 믿지 않게 될 때 다시 기분이 좋아질 것이다. 누구나 적어도 가끔은 우울한 기분을 느낀다. 우울할 때 우리는 항상 왜 그런 기분을 느끼는지 알아내야 할 것 같은 절박함을 느끼게 된다. 이 충동에 저항해야 한다. 뭐든 알아낼 필요가 없다. 기분이 나쁠 때 만들어낼 수 있는 생각은 부정적인 생각뿐이기 때문에, 당신이 하는 생각은 모두 역효과를 낳을 것이다. 뭐든 알아내려고 하기 전에 당신의 내면에 있는 우울하지 않은 부분을 찾으면서 기다려야 한다. 일단 기분이 나아지면, 당신의 건강한 정서 작용이 모든 걸 알아낼 것이다. 그때 찾아낸 답은 분명할 것이고, 당신은 전보다 더 나은 통찰력, 지혜, 상식을 갖게 될 것이다.

당신은 우울이 오랫동안 품고 있던 아주 저조한 기분 이상이 아니라는 점을 이해하게 될 때 다시 기분이 좋아질 것이다. 기분이 안 좋을 때 그 상황에 적절해 보이는 부정적인 경향(생각하기, 분석하기, 알아내기, 걱정하기, 말하기)에 빠져들길 멈추고, 대신 건강한 감정적 작용으로 관심을 돌릴 때 더 좋고 더 평화로운 기분이 느껴질 것이다. 당신의 통찰력이 돌아왔을 때, 당신은 생각을 재개하고 다시 평소처럼 살아갈 수 있을 것이다.

행복한 사람과 우울한 사람의 차이는 행복한 사람은 절대 우울해하지 않는 데 있지 않다(그들도 우울함을 느낀다). 하지만 행복한 사람은 우울해하는 것은 행복하게 살아가는 데 도움이 되지 않는다는 사실을 안다. 기분이 나쁠 때 드는 생각을 믿지 않는다. 그들은 생각하기 전에 망설인다. 자신의 불행을 연구하지 않고 자신의 행복을 찾는다.

당신은 생각을 붙들고 있는 것은 바로 자신이 생각에 주는 관심이라는 사실을 알아차릴 때 다시 기분이 좋아질 것이다. 관심을 받지 못하면, 당신의 생각은 사라진다. 부정적인 생각이 당신의 머릿속을 가득 채우면, 당신의 관심이 그 생각을 점점 더 커지게 도와줄 것이다. 당신이 거기에 더 관심을 쏟을수록, 그 생각은 점점 더 커진다. 하지만 부정적인 생각이 머릿속에 있다고 해서 그것에 꼭 먹이를 줄 필요는 없다. 당신은 건강한 정신 작용, 사랑과 안녕에 관심을 돌려서 우울증을 죽일 수 있다. 부정적인 성향에서 관심을 돌릴 때 관심은 건강한 정신 작용으로 되돌아간다. 그것을 놓쳐선 안 된다. 그것은 명료한 마음, 당신의 마음에 들어온 부정적인 생각에 먹이를 주길 거부하는 마음의 결과다. 모든 사람의 마음에는 부정적인 생각이 들어오고, 모두 그것을 물리치는 법을 배울 수 있다. 이 기술을 배우면 자신의 인생을 통제할 수 있는 힘을 찾게 될 것이며 더는 생각의 피해자가 되지 않을 것이다.

당신 안에서 어떤 생각이 집중할 가치가 있고, 어떤 생각을 내버려둬야 하는지 결정할 수 있는 사람은 당신 하나뿐이다. 마음은 당신의 것이다.

스톱 씽킹

당신은 삶의 모든 순간이 선택의 순간이라는 점을 이해할 때 다시 기분이 좋아질 것이다. 부정적인 생각이 계속 머릿속에 들어올지도 모르는데, 당신이 스스로에게 던져야 할 가장 중요한 질문은 바로 이것이다. '부정적인 생각이 떠오르면 뭘 해야 하는가? 굴복하고 그 부정적인 생각에 먹이를 줄 것인가? 아니면 맞서 일어설 것인가?' 당신에게는 선택권이 있다. 당신은 이 갈림길에 섰을 때 방향을 선택할 수 있다. 생각을 열심히 해서 우울증에서 빠져나오려고 시도하거나(물론 이 방법은 효과가 전혀 없다), 건강한 정신 작용을 찾으려고 할 수도 있다.

당신은 현재 이 순간에서 살아가기 시작할 때 다시 기분이 좋아질 것이다. 다음번에 우울해지면 당신의 생각이 어디 있는지 살펴보라. 분명 다른 곳, 미래를 생각하거나 과거를 되새겨보고 있을 것이다.

하지만 미래와 과거는 그저 생각인 반면, 우리는 지금 이 순간을 살고 있다.

당신이 관심을 자신의 내면으로, 좀 더 현재에 가깝게 가져올수록, 미래와 과거에 관련된 생각을 떨쳐버릴수록, 우울한 생각이 사라지기 시작하는 것을 느낄 것이다.

당신은 인생이 추와 같다는 점을 깨달을 때 다시 기분이 좋아질 것이다. 당신은 계속 생각 체계와 건강한 정신 작용 사이에서 오락가락할 것이다. 수많은 사람들이 자신의 건강한 정신 작용을 알아차리지 못한다고 해서 그것이 존재하지 않는다는 뜻은 아니다. 그저 너무 자연스러워서 모르고 지나칠 뿐 분명 존재한다. 마음이 고요하고 명료할 때, 생각이 당신의 '문제들'에 집중하고 있지 않을 때 그것을 찾을 수 있다.

내가 당신에게 남길 수 있는 단 하나의 조언이 있다면 바로 이것이다.

지금 이 순간을 살고 당신에게 이 순간이 있다는 점에 감사하라.

지금 이 순간에 당신은 정신 건강과 행복을 찾게 될 것이다. 생각이 당신의 삶을 파괴하지 않도록 자신의 생각에 대해 충분히 이해하게 되면, 우울증에 대항할 무기를 갖게 될 것이다. 당신의 삶은 풍요로워질 것이고, 만족스럽고 환희에 가득 찰 것이다. 당신은 마침내 기분이 좋아질 것이다.

지은이 리처드 칼슨Richard Carlson

행복하고 충만한 인생을 사는 법을 탐구한 심리학자이자 대중 연설가다. 〈오프라 쇼〉, 〈더 투데이 쇼〉를 비롯해 CNN, FOX, PBS의 간판 TV 프로그램에 출연했고, 출연한 방송 프로그램은 총 2000곳이 넘었다.《피플》지는 리처드 칼슨을 '전 세계에서 가장 흥미로운 사람'이라고 명명했고, 그는 단숨에 미국뿐 아니라 전 세계적으로 스트레스 관리 분야 최고 전문가이자 권위자가 되었다. 1997년 펴낸『사소한 것에 목숨 걸지 마라Don't Sweat the Small Stuff』는《뉴욕타임스》베스트셀러 리스트에서 무려 101주 동안 자리를 지켰다.

이 책『스톱 씽킹』은 그의 활동 초기 대표작으로 리처드 칼슨 마음 연구의 가장 근간을 이루는 핵심적인 내용을 담고 있으며, 특히 우울과 불안이라는 감정으로 고통받는 사람들을 위한 심리 조언들로 가득하다. '생각을 멈춘다는 것'의 효과를 알린 최초의 심리상담 기록이자 자기계발서로 그가 제안하는 심리 해법은 수많은 심리 연구가들에게 영향을 주었고 독자들의 지지를 받았다. '스톱 씽킹'이라는 단순한 명제는 리처드 칼슨 이후 여러 형태로 변주되며 우리 삶에 스며들었고, 특히 모든 것을 더 많이 알고 더 많이 생각해야 하는 우리들에게 여전히 유효한 메시지다.

옮긴이 박산호

한양대학교 영어교육학과에서 공부하고, 영국 브루넬대학교 대학원에서 영문학을 전공했다. 로렌스 블록의『무덤으로 향하다』번역을 시작으로 출판번역에 입문했다.『치카를 찾아서』,『와일더 걸스』,『내 손을 놓아줘』,『세계대전 Z』,『토니와 수잔』,『카오스 워킹』시리즈,『하트스토퍼 시리즈』를 비롯한 다수의 작품을 번역했다. 쓴 책으로는『깔깔마녀는 영어마법사』,『단어의 배신』,『번역가 모모씨의 일일』,『어른에게도 어른이 필요하다』,『생각보다 잘 살고 있어』등이 있다.

스톱 씽킹

행복을 끌어들이는 심리 법칙 ◎

펴낸날 초판 1쇄 2022년 1월 10일
　　　　초판 5쇄 2025년 1월 1일
지은이 리처드 칼슨
옮긴이 박산호
펴낸이 이주애, 홍영완
편집1팀 양혜영, 문주영
편집 박효주, 최혜리, 유승재, 장종철, 김애리, 홍은비
디자인 기조숙, 박아형, 김주연, 윤신혜
마케팅 김미소, 김태윤, 김송이, 박진희, 김예인, 김슬기
해외기획 정미현
경영지원 박소현
펴낸곳 (주)윌북 **출판등록** 제2006-000017호
주소 10881 경기도 파주시 광인사길 217
홈페이지 willbookspub.com
전화 031-955-3777 **팩스** 031-955-3778
블로그 blog.naver.com/willbooks
트위터 @onwillbooks **인스타그램** @willbooks_pub
ISBN 979-11-5581-433-8 03190